CB136646

ERGON CUGLER

IA-cracia:

COMO ENFRENTAR A DITADURA DAS BIG TECHS

KOTTER
EDITORIAL

Copyright ©Ergon Cugler, 2024.

Direitos reservados e protegidos pela lei 9.610 de 19.02.1998.
É proibida a reprodução total ou parcial sem autorização, por escrito, da editora.

Coordenação editorial: Sálvio Nienkötter
Editor-executivo: Claudecir de Oliveira Rocha
Editor-assistente: João Lucas Dusi
Capa: Jussara Salazar
Design editorial: Carlos Garcia Fernandes
Produção: Cristiane Nienkötter
Preparação de originais e revisão: O Autor

Dados Internacionais de Catalogação na Publicação (CIP)
Angelica Ilacqua CRB-8/7057

S579i

Silva, Ergon Cugler de Moraes
IA-cracia : como enfrentar a ditadura das big techs / Ergon Cugler de Moraes Silva. – 1. ed. – Curitiba : Kotter editorial, 2024.
152 p. : il.

Bibliografia
ISBN 978-65-5361-367-6

1. Inteligência artificial 2. Tecnologia 3. Ciências sociais I. Título

CDD 006.3

24-4665

Kotter Editorial Ltda.
Rua das Cerejeiras, 194
CEP: 82700-510 - Curitiba - PR
Tel. + 55(41) 3585-5161
www.kotter.com.br | contato@kotter.com.br

Feito o depósito legal
1ª Edição
2024

01110001 01110101 01101001 01110011 00100000 01100011
01110101 01110011 01110100 01101111 01100100 01101001
01100101 01110100 00100000 01101001 01110000 01110011
01101111 01110011 00100000 01100011 01110101 01110011
01110100 01101111 01100100 01100101 01110011 00111111
00100000 01110001 01110101 01101001 01110011 00100000
01100011 01110101 01110011 01110100 01101111 01100100
01101001 01100101 01110100 00100000 01101001 01110000
01110011 01101111 01110011 00100000 01100011 01110101
01110011 01110100 01101111 01100100 01100101 01110011
00111111 00100000 01110001 01110101 01101001 01110011
00100000 01100011 01110101 01110011 01110100 01101111
01100100 01101001 01100101 01110100 00100000 01101001
01110000 01110011 01101111 01110011 00100000 01100011
01110101 01110011 01110100 01101111 01100100 01100101
01110011 00111111 00100000 01110001 01110101 01101001
01110011 00100000 01100011 01110101 01110011 01110100
01101111 01100100 01101001 01100101 01110100 00100000
01101001 01110000 01110011 01101111 01110011 00100000
01100011 01110101 01110011 01110100 01101111 01100100
01100101 01110011 00111111 00100000 01110001 01110101
01101001 01110011 00100000 01100011 01110101 01110011
01110100 01101111 01100100 01101001 01100101 01110100
00100000 01101001 01110000 01110011 01101111 01110011
00100000 01100011 01110101 01110011 01110100 01101111
01100100 01100101 01110011 00111111 00100000 01110001
01110101 01101001 01110011 00100000 01100011 01110101
01110011 01110100 01101111 01100100 01101001 01100101
01110100 00100000 01101001 01110000 01110011 01101111
01110011 00100000 01100011 01110101 01110011 01110100
01101111 01100100 01100101 01110011 00111111 00100000
01110001 01110101 01101001 01110011 00100000 01100011
01110101 01110011 01110100 01101111 01100100 01101001
01100101 01110100 00100000 01101001 01110000 01110011
01101111 01110011 00100000 01100011 01110101 01110011
01110100 01101111 01100100 01100101 01110011 00111111
00100000 01110001 01110101 01101001 01110011 00100000
01100011 01110101 01110011 01110100 01101111 01100100
01101001 01100101 01110100 00100000 01101001 01110000
01110011 01101111 01110011 00100000 01100011 01110101
01110011 01110100 01101111 01100100 01100101 01110011
00111111 00100000 01110001 01110101 01101001 01110011
00100000 01100011 01110101 01110011 01110100 01101111
01100100 01101001 01100101 01110100 00100000 01101001
01110000 01110011 01101111 01110011 00100000 01100011
01110101 01110011 01110100 01101111 01100100 01100101

ERGON CUGLER

IA-cracia:

COMO ENFRENTAR A DITADURA DAS BIG TECHS

Sumário

I

Introdução: IA-cracia, um novo paradigma

Apresentação

Você já se pegou pensando em algo e, logo em seguida, isso apareceu nas suas redes sociais? Pode parecer ficção científica ou teoria da conspiração, mas o fato é que as *Big Techs* têm construído um império tão extenso, que tem sido cada vez mais difícil ficar longe da influência de seus algoritmos. Muito além de quase lerem as nossas mentes, as redes sociais já conseguem até mesmo pautar o que iremos pensar ou deixar de pensar ao longo do nosso dia. Em "IA-cracia: Como enfrentar a ditadura das *Big Techs*", é apresentado um alerta sobre como as gigantes da tecnologia têm cada vez mais exercido poder sobre a sociedade e sobre a democracia. Este livro, que reúne e aprimora ensaios escritos ao longo de cinco anos, fruto de pesquisas e investigações, se propõe a observar em profundidade os mecanismos de controle e influência desses conglomerados, refletindo até que ponto estamos dispostos a permitir que linhas de código, que sequer possuem transparência, guiem os rumos de nossas vidas.

Dividido em cinco capítulos e 15 seções, este livro convida o leitor a mergulhar nesse cenário intuitivamente familiar: uma sociedade onde a liberdade de expressão e o próprio pensamento são cotidianamente monitorados e influenciados por algoritmos que foram criados por meia dúzia de corporações — em sua maioria sediadas no Vale do Silício. Esse controle absoluto sobre o fluxo de informações nos faz refletir até que ponto já estamos vivendo em uma IA-cracia.

Ao longo dos capítulos, são apresentados detalhes de como as *Big Techs* possuem tal poder de influenciar não somente as nossas vidas, mas até mesmo eleições e nações por completo. Mais do que isso, com uma dinâmica monopolista, as *Big Techs* têm absorvido todos os potenciais concorrentes e concentrado ainda mais poder em suas mãos, financiando também uma rede de *lobby* internacional para impedir o avanço de legislações em diversos países.

Também são detalhados diversos exemplos sobre como essas companhias utilizam um arsenal de técnicas de manipulação emocional para aumentar o engajamento e a dependência dos usuários — especialmente de jovens e adolescentes. Em um mantra do "vale tudo" pelo lucro, essas práticas transformam as plataformas em arenas onde as nossas angústias e vontades são cotidianamente leiloadas como se fossem *commodities*. Ao explorar as nossas vulnerabilidades, essas empresas geram ciclos de vício e dependência que têm impactos diretos na saúde da sociedade e na própria concepção da realidade. E aquilo que poderia ser apenas uma interação social com mais uma rede, se transforma em uma engrenagem de um sistema muito maior.

Desde a década de 1980, empresas como a *Microsoft*, a *Apple* e, posteriormente, o *Google*, a *Amazon* e, mais recentemente, a *Meta* (*Facebook*, *Instagram*, *Threads* e *WhatsApp*), começaram a moldar o cenário tecnológico. Tais empresas se apresentaram como inovadoras e disruptivas, oferecendo soluções tecnológicas que prometiam democratizar o acesso à informação e aos serviços. No entanto, por trás dessa narrativa, o que se viu foi uma corrida desenfreada por controle e influência, marcada por aquisições estratégicas e uma habilidade sem precedentes de manipular mercados.

Entre os anos 2000 e 2015, por exemplo, com a inserção da internet em nossas rotinas e com o início da popularização das redes sociais, essas corporações escalaram as suas operações. Utilizando práticas de crescimento agressivo, absorveram *startups* e eliminaram competidores antes mesmo que pudessem ameaçar seu domínio. O caso da aquisição do *Instagram* e do *WhatsApp* pelo *Facebook* (mais tarde *Meta*) exemplifica esse movimento, onde a estratégia se tratou não apenas de integrar novas funcionalidades à comunicação, mas garantir que qualquer potencial concorrente fosse neutralizado e absorvido. Ao mesmo tempo, o desenvolvimento de algoritmos sofisticados, alimentados por vastas quantidades de dados de usuários, permitiu a essas empresas não apenas prever comportamentos, mas moldá-los em benefício de seus próprios interesses comerciais.

Esse processo de concentração de poder não ocorreu sem resistência. Historicamente, monopólios em outros setores, como o das ferrovias no século XIX e o da indústria petrolífera no início do século XX, também foram alvos de ações antitruste. No entanto, a resposta regulatória e jurídica às *Big Techs* tem sido excessivamente mais lenta e menos eficaz. Além disso, o *lobby* poderoso e bem financiado dessas empresas nos corredores do poder político global tem sido um obstáculo para qualquer tentativa de regulamentação séria. A influência dessas corporações na política e na legislação, particularmente nos Estados Unidos e na União Europeia, garantiu que elas pudessem operar com um nível de impunidade que poucos monopólios do passado puderam desfrutar.

A transformação das *Big Techs* em impérios globais é, em grande parte, resultado de uma série de marcos históricos e estratégicos. Desde a bolha das *ponto com*, que eliminou diversas empresas menores enquanto as gigantes consolidavam o seu poder, até as crises financeiras subsequentes, que permitiram que essas empresas comprassem ativos e expandissem seu alcance a preços reduzidos. Em paralelo, a revolução móvel dos anos 2010 trouxe um novo ciclo de expansão, onde a dependência global de smartphones e dispositivos conectados alimentou ainda mais o crescimento dessas gigantes. Cada novo ciclo de inovação tecnológica foi aproveitado por essas empresas para solidificar seu domínio, criando barreiras de entrada quase intransponíveis para qualquer novo competidor.

O que se percebe é que, por trás da narrativa romantizada de que as gigantes tecnológicas começaram em uma simples garagem de um subúrbio estadunidense, esconde-se uma trajetória muito mais predatória e questionável. Pois as *Big Techs* ganharam *Big* em seu nome baseando-se em práticas parasitárias, devorando toda e qualquer inovação que surgisse ao seu redor. Eis que absorveram concorrentes, manipularam mercados e influenciaram a política global de uma forma que jamais vimos em tamanha escala em toda a história do capitalismo. Não à toa, o departamento de Justiça dos Estados Unidos tomou a decisão de processar as *Big Techs*, dentre as quais, acusando o próprio *Google* de praticar manipulação e monopólio de mercado.

No entanto, o que muitas vezes passa despercebido é a forma como essa manipulação invisível redefine os limites da nossa própria autonomia e, consequentemente, a essência da liberdade enquanto direito. Em um ambiente onde algoritmos não apenas antecipam, mas moldam nossos desejos e pensamentos, a noção de liberdade se torna cada vez mais nebulosa. Estamos falando de uma realidade onde as decisões que acreditamos serem espontâneas são, na verdade, o resultado de uma engenharia meticulosa voltada para maximizar engajamento e lucro. Essa situação levanta uma questão fundamental: até que ponto as nossas escolhas são verdadeiramente nossas? Quando os algoritmos nos apresentam um conjunto limitado de opções, cuidadosamente selecionadas para reforçar nossas crenças preexistentes e direcionar nossas ações, estamos, de fato, exercendo o livre-arbítrio? A verdadeira liberdade, nesse contexto, não é apenas a ausência de coerção, mas a presença de escolhas informadas e não condicionadas por interesses comerciais ocultos.

À medida que avançamos na compreensão do papel das *Big Techs* em nossas vidas, este livro nos provoca a refletir em como chegamos a este ponto. A cada clique, a cada interação nas redes, estamos diariamente contribuindo para um sistema que parece nos conhecer melhor do que nós mesmos. Mas será que realmente entendemos as implicações disso?

Diante de tamanhos desafios, o que fazer? Como enfrentar a ditadura das *Big Techs*? Para refletir sobre essa questão, este livro não se limita apenas a descrever os problemas — ele também propõe reflexões objetivas para o momento de transição em que vivemos. Ao questionar o *status quo* e sugerir caminhos para uma descentralização de tamanho poder, apresenta-se uma visão de futuro onde as tecnologias sirvam ao bem comum. Com casos reais e provocações contemporâneas, "IA-cracia: Como enfrentar a ditadura das *Big Techs*" é uma provocação, mas principalmente um chamado à ação.

Estamos vivendo em uma IA-cracia?[i]

Imagine um país onde o governo, de forma autoritária, proibisse você de ler sobre determinados temas políticos. E se esse mesmo governo passasse a enviar, no seu endereço privado, incontáveis panfletos com teorias da conspiração cuidadosamente selecionadas para moldar a sua visão de mundo — levando em consideração aspectos de sua personalidade, seus vieses, suas inseguranças e seus desejos. Se você tentasse reclamar de censura, não haveria sequer julgamento e você não teria a quem recorrer, pois o governo desse país foi cuidadoso o suficiente para estabelecer a sua sede fora do território que ele governa, tornando-se imune a qualquer decisão judicial.

Parece uma distopia, não? Algo que certamente você e eu condenaríamos como autoritário. Porém, reflita comigo: quando foi que você deixou que meia dúzia de companhias globais — as *Big Techs* — passassem a decidir por você o que você pode ou não pode falar no seu dia a dia; ou pautarem, sem qualquer transparência, qual tipo de conteúdo as plataformas entregarão para influenciar a sua opinião ou ocultarão do seu *feed*? Mais do que isso, como é possível que companhias com lucro anual de dezenas de bilhões de dólares não possuam sequer um escritório em muitos

[i] Inspirado no texto autoral no Blog Gestão, Política & Sociedade, do Cadernos Gestão Pública e Cidadania (CGPC), no Acervo da Biblioteca da Escola de Administração de Empresas de São Paulo (EAESP) da Fundação Getulio Vargas (FGV), de 08 de janeiro de 2024.

dos países em que operam, estando imunes às leis locais, inclusive leis para o combate a crimes de violência e exploração de crianças e adolescentes?

Após a Pandemia da COVID-19, o cenário econômico testemunhou um *boom* financeiro das *Big Techs*, resultando em lucros sem precedentes, que se consolidaram em 327 bilhões de dólares, apenas em 2023[1]. Empresas como a *Apple* e a *Microsoft*, líderes no setor de tecnologia, dominaram ainda mais o mercado, representando parte relevante nessa fatia de lucro.

Além dessas gigantes, a *Alphabet*, controladora do *Google*, e a companhia *Meta* (administradora do *Facebook*, *Instagram, Threads* e *Whatsapp*) também emergiram como protagonistas nesse cenário oportuno. Juntas, acumularam mais de 100 bilhões de dólares em lucros somente no ano de 2023. Contudo, com o tamanho do capital que acumularam, essas empresas passaram a exercer uma influência desproporcional em comparação com outros participantes do mercado e, em muitos casos, até mesmo sobre o cenário político.

Vale trazer as reflexões que o pesquisador e escritor bielorrusso Evgeny Morozov nos apresenta em seu livro "*Big Tech: A ascensão dos dados e a morte da política*" (2018). Morozov destaca que as *Big Techs* não só dominam o mercado com seu poder avassalador, mas também transformaram a própria noção de poder e controle no capitalismo moderno. É o que poderíamos observar como uma espécie de acumulação primitiva de dados, onde informações pessoais — que poderiam ser utilizadas para o bem comum ou para políticas públicas em benefício da sociedade, ou mesmo que poderiam ser protegidas pelo direito à privacidade dos cidadãos — são apropriadas e monetizadas sem que tenhamos controle ou informação disso. Em vez de promover a inovação para o bem coletivo, os dados se tornam mais uma mercadoria a ser explorada, alimentando um ciclo de concentração de poder e recursos nas mãos de poucos.

Morozov também nos alerta para o impacto despolitizante dessas empresas na sociedade. Como evidencia em sua obra, as *Big Techs* transformam o debate público em um produto comercializável, esvaziando a política de seu caráter transformador e emancipatório. O controle que essas corporações exercem sobre as plataformas digitais lhes permite moldar quais narrativas serão amplificadas e quais serão silenciadas, criando uma nova forma de hegemonia cultural que reforça as estruturas de poder existentes. Assim, a promessa inicial da internet como um espaço de liberdade e democratização se perde, dando lugar a uma realidade onde a tecnologia, em vez de promover a mudança social, serve para manter o *status quo*.

Vale questionar até que ponto essa relação de dependência tecnológica pode afetar inclusive nossa capacidade de resistir a influências externas e de preservar a soberania. A soberania popular, que deveria ser o alicerce de qualquer democracia, torna-se uma miragem em um deserto digital, onde as escolhas individuais são moldadas por algoritmos que operam a partir de interesses corporativos e não do bem comum. Além disso, essa dinâmica cria uma dependência estrutural que enfraquece a capacidade de uma sociedade de questionar, resistir e reagir a abusos de poder.

Não tão distante, em 2021, tivemos acesso ao levantamento da *Corporate Europe Observatory* e do *LobbyControl*[2] havia apontado que uma parte significativa desses lucros bilionários das *Big Techs* foi direcionada diretamente para atividades de *lobby*, permitindo que essas corporações exercessem uma influência decisiva na formulação de leis e decisões governamentais, ampliando ainda mais o seu alcance de poder. Em um dos recortes, foram listadas 612 entidades fazendo *lobby* com 97 milhões de euros investidos para influenciar as políticas de economia digital da União Europeia, por exemplo.

Um total de dez empresas, *Google*, *Meta*, *Microsoft*, *Apple*, *Huawei*, *Amazon*, *IBM*, *Intel*, *Qualcomm* e *Vodafone*, lideram esses esforços no bloco tecnológico, somando um terço (32 milhões de euros) dos recursos totais para o lobismo. Cabe destacar que essas entidades, que fazem *lobby* em nome das dez *Big Techs*, somam um orçamento que ultrapassa o total de gastos com *lobby* de 75% de todas as demais empresas de tecnologia juntas. Esse aspecto destaca a interconexão entre o poder econômico dessas gigantes tecnológicas e a sua capacidade de moldar o cenário regulatório, levantando questões importantes sobre o desequilíbrio de poder empresarial e político.

Contudo, para além de conseguirem cobrir os seus custos de lobismo, essas companhias desempenham um papel ainda mais significativo na arena da opinião pública. Ao moldarem espaços onde ideias são compartilhadas, debatidas e disseminadas, essas plataformas exercem uma influência considerável na formação de perspectivas coletivas e na orientação de discussões sobre temas diversos. Não à toa, uma pesquisa do *Pew Research Center*[3] revelou que, até mesmo nos Estados Unidos — o país-sede das principais *Big Techs* —, 64% dos cidadãos americanos apontam que as mídias sociais têm um impacto majoritariamente negativo no país, sendo que 83% afirmam que essas plataformas de redes sociais censuram ativamente pontos de vista políticos com os quais elas discordam.

Dicotomia público *versus* privado

Em 2023, durante o *16th International Conference on Theory and Practice of Electronic Governance (ICEGOV)*, o pesquisador Bruno Henrique Sanches e eu buscamos refletir sobre a natureza e as características das plataformas digitais, propondo *frameworks*[4] de análise para observar a chamada "tecnosfera", isto é, a dimensão tecnológica que se materializa por meio da construção humana — envolvendo a internet, as plataformas e os meios que usamos para nos conectar. O que foi observado é que, apesar de as companhias possuírem uma natureza privada e os seus algoritmos possuírem diversos aspectos técnicos, a dinâmica em que se opera na tecnosfera faz com que o ambiente das plataformas passe a ter características públicas, ou seja, com os algoritmos servindo como instrumentos políticos, disputando não apenas a narrativa do ambiente digital, mas influenciando os próprios rumos de políticas públicas e de eleições.

Em outras palavras, como não há neutralidade nas redes, inclusive com as plataformas decidindo quais palavras-chave irão ou não irão engajar, a disputa política da democracia passa a ser desbalanceada, tendo o juiz da casa como decisor de quais termos os algoritmos deverão alavancar ou restringir o debate. Ainda assim, levantamentos como o divulgado pela *The Science Survey*[5] apontam que plataformas como *Google* lucraram imensamente com a venda de dados dos usuários, representando mais de 80% de sua receita total. Isso permite que anunciem publicidades de forma hipersegmentada, influenciando o comportamento dos consumidores e levantando sérias preocupações sobre a privacidade do usuário e os limites éticos.

No Brasil, diversos relatos indicam que plataformas como *Instagram* e *Facebook* (*Meta*) praticam o chamado *"shadowbanning"*, limitando o alcance de postagens sem notificar os usuários, apenas por avaliarem unilateralmente que determinada publicação descumpriria alguma vontade implícita da plataforma. Em 2023, inclusive, um estudo do NetLab, da Universidade Federal do Rio de Janeiro (UFRJ)[6] mostrou que conteúdos relacionados a temas políticos sensíveis — como o projeto de lei 2630/2020 no Brasil — foram sistematicamente censurados pelas redes sociais, com as *Big Techs* influenciando deliberadamente ao manipular o debate público em seu favor.

Fora das disputas sobre o projeto de lei, diversos são os relatos de casos em que publicações ou contas inteiras são derrubadas sem qualquer motivo aparente. Como resultado, o usuário não possui sequer um serviço de atendimento ao cidadão (SAC) para ligar ou prazo de resposta da plataforma para solucionar demandas. Na prática, não há qualquer garantia de que, caso você tenha sido injustiçado ou até prejudicado materialmente e precise questionar algum erro da plataforma, ela lhe dará sequer resposta.

É de se refletir, pois em um contexto democrático, as engrenagens são alimentadas por debates robustos e fóruns destinados a decidir o destino da sociedade e do bem comum. Com regras e regulamentos públicos, diversos são esses mecanismos que a democracia foi aprimorando ao longo dos séculos e especialmente nas últimas décadas, exemplo às audiências públicas, eleições diretas e secretas, transparentes e regulares, mandatos eletivos, instâncias contramajoritárias, conselhos participativos e fóruns da sociedade civil organizada — viabilizando mecanismos de controle social que permeiam as atividades públicas e a dinâmica política. Além da vida pública, quando falamos sobre as atividades privadas, observamos a existência de diversos modelos regulatórios, como agências reguladoras e comitês intersetoriais. Inegavelmente, até mesmo uma modesta padaria não está autorizada a operar sem um alvará da vigilância sanitária, sob pena de representar algum risco à saúde pública, comprometendo a qualidade e a segurança dos alimentos.

Entretanto, quando voltamos os nossos olhares para as gigantes tecnológicas, as *Big Techs*, surge uma lacuna preocupante no comprometimento com as legislações dos países nos quais operam. Este dilema é ilustrado de forma nítida pelo exemplo do *Telegram*, que se recusou a fornecer dados de usuários envolvidos em atividades ilícitas como aliciamento de menores e planejamento de ataques neonazistas[7], algo que fere diretamente a legislação brasileira. De maneira semelhante, plataformas como o *Facebook* (*Meta*) são acusadas de impulsionar anúncios contendo desinformação e teorias da conspiração, colocando vidas em risco ao disseminar informações prejudiciais[8]. Todas essas arenas de debate público operam nem sequer pela lógica do ambiente privado — com necessidade de alvará de algum órgão competente, como é o caso das padarias com a vigilância sanitária —, mas muito menos pela lógica de ambiente público, o que seria trazer transparência para os vieses que influenciam determinadas narrativas em detrimento de outras.

Ainda assim, há quem possa dizer que, se as plataformas são empresas privadas, então o usuário poderia escolher qual empresa gostaria de frequentar e consumir. Mas a concepção de que esses espaços podem ser estritamente classificados em categorias binárias (como privado *versus* público) não reflete a complexidade intrínseca desses ecossistemas. Até porque as plataformas digitais, mesmo sendo desenvolvidas como empresas privadas e com fins lucrativos, transcenderam a sua natureza original, tornando-se arenas públicas do engajamento cívico e promovendo discursos e atividades políticas.

De tal forma, a natureza privada dessas plataformas é coexistente com o seu caráter público, desafiando a ideia de uma divisão linear e binária entre essas esferas. Isto é, a ausência de uma regulação efetiva por parte da sociedade através do Estado transforma a internet em uma espécie de terra sem lei, onde cada plataforma estabelece os seus próprios termos de uso, muitas vezes dissociados das legislações dos países em que operam. É essa lacuna na regulação tecnológica que cria um cenário propício para abusos, monopolização e viés algorítmico, sem transparência, nem prestação de contas.

Nos países do norte global, blocos como a União Europeia já têm avançado na regulação econômica dessas gigantes tecnológicas, impondo multas recordes e criando novas leis para aumentar a transparência e proteger a competição no mercado digital. Só em 2024, por exemplo, o *Google* foi multado em 9,4 bilhões de dólares[9] por práticas anticompetitivas e uso indevido de dados. Nos EUA, o debate sobre a Seção 230 da "Lei de Decência nas Comunicações" ("*Communications Decency Act*") intensificou-se, com ambos democratas e republicanos exigindo reformas que responsabilizem as plataformas por conteúdo prejudicial e lucrarem com desinformações.

Além disso, em 2024, a UE implementou a Lei de Serviços Digitais (*DSA*), que exige maior transparência nos algoritmos e responsabilização das plataformas pelo conteúdo. Essa pressão especialmente centrada nos EUA e na UE ilustra a ampla preocupação com o poder das *Big Techs* e a necessidade de uma regulamentação mais rigorosa, dinâmica esta que sofre um boicote desproporcional nos países do sul global por parte das gigantes tecnológicas, evidenciando uma dinâmica de colonialismo digital.

Além da dicotomia, poder decisório

A complexidade dessas plataformas tem exigido uma abordagem de governança mais sofisticada e multifacetada. Um modelo de governança intersetorial, como inspira o caso brasileiro do Comitê Gestor da Internet (CGI.br), que transcenda uma dicotomia oportunista e antirregulatória entre "público *versus* privado" ou entre "técnico *versus* político" e insira a sociedade civil para pautar qual deve ser a lógica por trás dos algoritmos na construção do debate público que influencia a sociedade. Caso contrário, estamos delegando a meia dúzia de *Big Techs*, com parâmetros e interesses particulares, o poder decisório sobre qual será a agenda do país e abrindo mão dos inúmeros mecanismos de participação e controle social, além de permitir que estas influenciem diretamente os debates, as legislações, as políticas públicas e os resultados eleitorais.

As discussões internacionais têm provocado que deve-se integrar usuários, entidades privadas, autoridades governamentais, universidades e grupos de pesquisa e a sociedade civil, visando salvaguardar direitos e deveres individuais, promover a transparência e a responsabilidade ao mitigar vieses algorítmicos. Em última análise, a compreensão das plataformas digitais como ambientes híbridos, complexos e de interesse intersetorial desafia as noções simplistas e destaca uma abordagem regulatória abrangente. Até porque, talvez não tenhamos percebido, mas abrimos mão em algum momento de entender a tecnosfera e toda a internet como arenas públicas, imersas em disputas de interesses políticos e econômicos, com algoritmos que não possuem neutralidade. E como não há vácuo na política, tais companhias privadas se apropriaram desse terreno fértil, colocando-se acima da lei em um mantra de uma falsa liberdade de expressão, mas liberdade de expressão esta que só funciona para quem se alinha com os termos de uso particulares de determinada plataforma — constituindo um Estado paralelo, com regras paralelas.

Se já não abrimos mão o suficiente de nossa democracia, é preciso encarar os algoritmos como elemento de debate público, sabendo que estruturalmente todas as demais discussões e políticas públicas passam pela influência da arena digital da tecnosfera em que o algorítmico pesa — e muito. Até porque, na contramão de uma "IA-cracia", onde os algoritmos passem a decidir os rumos do povo, qual a fronteira para um ponto sem volta, onde nem mesmo um debate como este possa ser possível, por supostamente violar os termos de uso particulares de alguma plataforma?

II

Contexto: *Big Techs*, da "garagem" ao monopólio

As *Big Techs* estão construindo um monopólio da verdade[ii]

Em *Matrix Resurrections*, Neo se encontra submerso em uma realidade em que acredita ser a única, até que vislumbres de sua vida anterior o fazem questionar tudo ao seu redor. O filme, uma continuação icônica da trilogia *Matrix*, explora a complexidade da existência e a manipulação da realidade por meio de algoritmos e parâmetros moldados por um suposto "Arquiteto", o qual representa a força por trás da criação artificial e do controle da realidade virtual.

Fora das telas do cinema, nos vemos mergulhados em um ambiente digital cada vez mais personalizado, com *feeds* infinitos feitos só para nós, no qual algoritmos cumprem o papel de direcionar os conteúdos que possam fazer com que fiquemos mais tempo conectados e entretidos. Evidentemente, não estamos imersos fisicamente tal como na *Matrix*, mas somos constantemente alimentados com informações que se alinham com os nossos gostos e crenças — com experiências únicas para cada um de nós. Para Neo, a realidade virtual é uma ilusão convincente; para nós, a criação de um mundo particular em nosso *feed* torna o digital tão real quanto o mundo físico que desejaríamos ter, moldando as nossas percepções e interações diárias com quem quer que esteja dentro ou fora das bolhas.

[ii] Inspirado no texto autoral no Blog Gestão, Política & Sociedade, do Estadão, de 26 de setembro de 2023.

É comum entrar em uma plataforma e gastar horas vendo apenas aquilo que parece feito sob medida para você, refletindo as suas preferências, as suas curiosidades e até as suas inseguranças. Essa é a mágica — e a armadilha — do mecanismo de recomendação algorítmica. Tal como Neo, que começa a perceber as rachaduras na fachada de realidade virtual, o aprimoramento dos mecanismos de retenção das plataformas também nos alerta sobre o que nos resta da realidade. Basta observar que, em termos de engajamento, o *Instagram* se destaca com uma taxa média de 1% a 3%[10], muito superior à taxa de 0,18% do *Facebook*. Esta diferença significativa destaca o poder do *Instagram* para marcas que buscam maior interação e visibilidade nas redes sociais. Além disso, dados de 2023 revelam que os brasileiros estão entre os maiores consumidores de tecnologia no mundo, ocupando a segunda posição global em tempo de tela. Em média, os brasileiros passam cerca de nove horas diárias utilizando dispositivos eletrônicos[11], de acordo com a pesquisa da *Electronics Hub*.

Em 2022, a *Meta*, responsável pelo *Facebook*, chegou a alcançar 2,96 bilhões de usuários ativos mensais. O lucro por usuário (ARPU) foi de 39,63 dólares no final do ano[12], contribuindo para uma receita de publicidade próxima a 114 bilhões de dólares, apenas em 2022. Este modelo de negócio altamente lucrativo é sustentado pelo vasto alcance da plataforma e pela venda de espaço publicitário para empresas que buscam captar a atenção desses usuários em escala global. Além da plataforma azul, o *YouTube*, de propriedade da *Alphabet* (*Google*), gerou 15,1 bilhões de dólares em receitas em 2019[13], quase o dobro de 2017. Assim, competindo não apenas com a televisão tradicional, mas também introduzindo serviços como o *YouTube Premium*, que combina conteúdo sem anúncios e originais do *YouTube*, reforçando ainda mais o seu modelo de receita diversificada.

"Qual é o problema?", poderiam perguntar, "isso é mentalidade de escassez e frustração com o lucro alheio?", alguns diriam. Ocorre que, apesar de ficarmos empolgados quando um *streaming* de música nos recomenda o melhor conteúdo para o nosso perfil ou as melhores músicas compatíveis com o nosso humor, essa personalização traz consequências, mais ainda quando descobrimos o poder de concentração de dados que tem se transformado em monopólio de mercado, onde meia dúzia de companhias constituem-se quase como um "Arquiteto", de Matrix, decidindo como, quando e onde tudo irá ocorrer em nossas vidas. Porém, quem está no controle de tal realidade cada vez mais simulada?

Monopólio de mercado

As *Big Techs* têm adotado uma postura clássica de conglomerados oligopolistas ou monopolistas, adquirindo *startups* para eliminar toda e qualquer concorrência potencial9, utilizando inclusive de sua posição dominante para priorizar os seus próprios produtos e serviços em subcontratações cruzadas diversas. Esse comportamento tem criado um ambiente desfavorável para novos entrantes no mercado ou inovações tecnológicas que visem pluralizar perspectivas, restringindo a diversidade de ofertas para os consumidores e perpetuando a concentração de poder nas mãos de poucos gigantes tecnológicos.

Contudo, com grandes poderes surgem grandes abusos de autoridade. Em 2022, a Comissão Europeia multou a *Amazon* em 746 milhões de euros por violar leis de privacidade[14], ilustrando a magnitude da exploração de dados pessoais para ganhos financeiros, levantando preocupações significativas sobre a ética e o poder dessas corporações. Antes disso, em 2020, a mesma *Amazon* já havia sido acusada de utilizar dados de vendedores independentes em sua plataforma para lançar os seus próprios produtos concorrentes[15], manipulando o mercado para beneficiar os seus interesses particulares. Tais práticas anticompetitivas demonstram como as *Big Techs* usam o seu poder para suprimir concorrentes e controlar segmentos do mercado, prejudicando a economia e os consumidores.

No desdobramento das complexas dinâmicas do mercado digital, setembro de 2023 foi marcado pelo início do julgamento da ação movida pelo departamento de Justiça dos Estados Unidos contra o *Google*[16]. Este caso, o qual foi altamente repercutido, levantou alegações de que o *Google* estaria se valendo de práticas ilegais para manter o seu domínio no mercado de buscas online. A empresa, que já detinha uma participação de 90% no mercado de buscas dos EUA[17], foi acusada de implementar estratégias anticompetitivas para suprimir a concorrência e consolidar o seu monopólio. As práticas incluíam a imposição de acordos de exclusividade com fabricantes de dispositivos e navegadores, garantindo que o *Google* permanecesse como a ferramenta de busca padrão, dificultando assim a entrada e o crescimento de concorrentes menores no setor. Além disso, o julgamento destacou a preocupação crescente com o poder desproporcional das gigantes tecnológicas e seus impactos sobre a pluralidade e a inovação no mercado tecnológico.

Entre as acusações formuladas pelo Departamento de Justiça, destacam-se estratégias de abuso de poder econômico, destinadas a obstruir a entrada de sistemas de busca concorrentes. Além disso, o *Google* é acusado de firmar acordos financeiros vantajosos com empresas renomadas, como *Apple* e *Samsung*, para pré-instalar o seu mecanismo de busca nos dispositivos, consolidando ainda mais sua posição dominante no mercado. Essas práticas incluem pagamentos substanciais para garantir que o *Google* permaneça como sendo a ferramenta de busca padrão, dificultando significativamente a competição e reforçando o seu monopólio.

Um aspecto particularmente preocupante das acusações é a manipulação no mercado de anúncios pelo *Google*, que supostamente restringe a visibilidade de seus concorrentes. Isso significa que, quando os consumidores compram dispositivos móveis, eles já vêm com o aplicativo de busca do *Google* pré-instalado, configurado para redirecionar automaticamente todas as buscas para a plataforma do *Google*. Além disso, quando os usuários tentam encontrar alternativas, o *Google* estaria interferindo nos leilões de anúncios online, tornando mais difícil para os concorrentes aparecerem como opções viáveis. Isto é, o *Google* estaria usando de sua posição dominante no mercado para manipular com que as pessoas continuassem usando apenas os seus serviços — limitando caso queiram explorar outras opções.

A defesa do *Google* alegou que a sua posição monopolista no mercado norte-americano foi "merecida"16, uma vez que "as pessoas não usam o *Google* porque não têm outra opção, mas porque querem". No entanto, o sucesso de um mecanismo de buscas depende exatamente do seu número de usuários e do volume de atividade. Logo, quanto mais buscas são realizadas no *Google*, mais dados são gerados para otimizar os algoritmos, absorvendo tais dados que são transformados em novas informações e utilizados para personalizar a experiência de usuário e a estratégia de anúncios. É um efeito bola de neve, de acumulação primitiva de dados, apontando que aquele que sai na frente acumula o suficiente para exponencialmente tornar-se cada vez mais dominante no mercado, absorvendo e anulando toda concorrência que ouse inovar.

Essas práticas, se comprovadas ao final do julgamento corrente, têm implicações significativas não apenas para o mercado de buscas, mas também para a atuação concorrencial e a escolha do consumidor. A manipulação do ambiente digital de tal forma, onde a diversidade de escolhas é prejudicada, levanta questões cruciais sobre a integridade do mercado e a necessidade de ações corretivas. À medida que o julgamento se desenrola, fica evidente que questões complexas relacionadas à concorrência, monopólio e ética no setor tecnológico estão sendo escrutinadas. A resolução desse caso não apenas moldará o futuro do *Google* no mercado de buscas dos EUA, mas também pode propiciar um cenário para precedentes significativos na regulamentação e supervisão de outras grandes empresas de tecnologia em nível global.

Dessa forma, é exatamente a posição monopolista do *Google* que faz com que ele tenha acúmulo de dados o suficiente para otimizar os seus algoritmos e reter mais usuários, gerando um ciclo de otimização que retroalimenta sua posição de monopólio de mercado e inviabiliza qualquer disputa concorrencial relevante. Além das implicações de mercado — ao dominar 90% do mercado de buscas —, o *Google* adquire uma vantagem no posicionamento das pautas de seu interesse no debate público. Em outras palavras, trata-se de uma vantagem de definir o que será destacado e o que será ocultado diante das buscas a serem realizadas em seu mecanismo. A pergunta que fica é: "quando permitimos que uma única companhia decida o que podemos e o que não podemos ter acesso nas buscas da internet?"

Monopólio da verdade

Ao longo de décadas, ultrapassamos a crença de que as tecnologias seriam puramente neutras[18]. Essa superação é evidente tanto no modo como são utilizadas como ferramentas quanto no próprio desenho tecnológico das plataformas, por exemplo. Os algoritmos, que formam a espinha dorsal de muitas dessas tecnologias, não são isentos de influência humana, sendo meticulosamente moldados com prioridades específicas que muitas vezes favorecem uma decisão em detrimento de outra. Assim, as tecnologias não se limitam a serem meras ferramentas nas mãos de interesses políticos e econômicos, mas são, na essência, programadas e desenhadas com vieses. Essa compreensão mais ampla destaca que, desde a fase inicial de concepção até o uso cotidiano, as tecnologias carregam consigo não apenas funcionalidades, mas também valores, perspectivas e inclinações que podem moldar a interação humana com o mundo digital. Isto é, as tecnologias e os chamados algoritmos não são imparciais e sem vieses; eles são criados por corporações e, portanto, refletem as opiniões, prioridades e possíveis preconceitos de seus criadores.

Em 2023, foi revelado que o *Google* e outras *Big Techs* coletam dados de usuários sem consentimento explícito[19], utilizando técnicas de rastreamento invasivas. Essas práticas não apenas violam a privacidade dos usuários, mas também são usadas para manipular comportamentos de consumo e influenciar decisões políticas e sociais em larga escala. Não ficam de fora os mecanismos de buscas e quaisquer tecnologias que utilizem algoritmos para a sua otimização, sendo revestidas de interesses econômicos e políticos específicos. De tal forma, ao concentrar 90% do mercado, o *Google* pode escolher arbitrariamente qual informação ou posição política terá maior alcance e qual será empurrada para as últimas páginas de seus resultados. Sem pluralidade, a concentração e o monopólio de uma única empresa em relação ao acesso às informações significam que essa empresa passa a ter, basicamente, o monopólio da verdade.

Em um exemplo, o relatório da *Human Rights Watch*[20] revelou que a censura sistemática de conteúdos pró-Palestina nas plataformas *Meta* não é apenas um "*bug*", mas uma característica do ambiente digital dominado por interesses hostis às vozes dissidentes. Esse comportamento reflete um viés institucionalizado que amplifica as narrativas favoráveis a certos grupos em detrimento de outros. Em volume, a *Human Rights Watch* documentou 1.285 casos de censura online, com a maioria envolvendo conteúdos relacionados a Israel e Palestina. Esses dados destacam a prevalência de práticas de censura nas plataformas geridas pela *Meta* (*Facebook* e *Instagram*), afetando a capacidade de comunidades marginalizadas compartilharem as suas histórias e organizarem solidariedade de apoiadores.

Há outro efeito pernicioso do monopólio: a erosão profunda e gradual da confiança pública nas instituições. Quando plataformas digitais se tornam as principais árbitras do que é considerado verdadeiro ou falso, a confiança do público nas instituições é severamente abalada. A percepção da realidade passa a ser filtrada por interesses comerciais, resultando em uma população cada vez mais cética e desiludida. Esse enfraquecimento da confiança pública tem o potencial de desestabilizar sociedades inteiras, fomentando o cinismo, a apatia política e até mesmo a radicalização. Esse fenômeno não apenas enfraquece a coesão social, mas também cria um ambiente onde a manipulação e a desinformação podem prosperar, alimentando divisões e conflitos que ameaçam a estabilidade de nações inteiras.

E assim como Neo, em *Matrix*, que só começa a questionar a sua realidade quando vislumbra brevemente a sua vida anterior, muitos de nós só começamos a perceber o impacto dos algoritmos quando somos confrontados com visões alternativas que escapam de nossas "bolhas virtuais". Teorias da conspiração, *lives* de humilhação de *NPC* (*non-playable character*) e outras dinâmicas que surgem sazonalmente conforme aumenta o desespero das pessoas, todos esses episódios revelam questões que parecem muito distantes de nós, mas que significam o único universo visível para quem está dentro de determinada bolha. Algo quase impossível de se escapar.

Diante disso, torna-se perceptível que a opacidade que envolve as operações algorítmicas não é apenas uma questão técnica e restrita à campanha, mas uma preocupação de relevância pública, uma vez que exerce impactos significativos em nossa compreensão da realidade e na saúde de nossa democracia. Ao invés de ser apenas uma versão digital da *Matrix*, enfrentamos um cenário mais complexo: uma *Matrix* personalizada, moldada exclusivamente para cada um de nós e na palma de nossas mãos. Assim, tudo parece fazer sentido e todos parecem concordar conosco, até ficamos indignados quando algum candidato adversário vence as eleições, pois todos que comungam com aquela bolha que nos foi moldada se sentem pertencentes de uma narrativa majoritária, reveladora e na contramão de qualquer absurdo que os "do lado de lá" estariam conspirando.

Assim sendo, a personalização hipersegmentada de conteúdo pode resultar em uma realidade exacerbadamente subjetiva, onde as informações apresentadas nos convencem de que aquilo que estamos vendo é a única verdade existente. Isso vai além de uma simples manipulação da percepção; trata-se de um desafio à nossa compreensão compartilhada da realidade, a qual é essencial para o funcionamento saudável de uma sociedade democrática.

A acumulação em larga escala de dados pelas empresas de tecnologia permite não apenas a personalização, mas também a manipulação direcionada da informação. Ao ter acesso a uma quantidade substancial de dados sobre cada indivíduo, essas empresas podem direcionar conteúdo personalizado de maneira a influenciar sutilmente a nossa percepção e visão de mundo. Essa capacidade de moldar ativamente a experiência digital de cada usuário levanta questões éticas e democráticas, limitando a exposição a diferentes perspectivas e desafiando a diversidade de opiniões contidas em um campo democrático, as quais são essenciais para um debate público saudável e que melhore as condições de vida do povo.

Além disso, enquanto não há transparência, desconhecemos quais são os parâmetros exatos utilizados pelos algoritmos para nos categorizar, bem como a mecânica de como moldam a nossa percepção da realidade. Assim como Neo questionou a sua realidade, também devemos questionar a que nos cerca. Pois enfrentaremos quem pauta os algoritmos que moldam a realidade? Ou cederemos ao "Arquiteto" e à sua empreitada pelo monopólio da verdade?

As *Big Techs* infiltram seus vieses ideológicos nas plataformas[iii]

Em 09 de fevereiro de 2024, a *Meta* anunciou uma nova política de restrição do alcance de conteúdos políticos no *Instagram*[21], podendo ampliar essa restrição para as demais redes (*Facebook* e *Threads*). Na prática, a medida propõe que os usuários passem a receber apenas os conteúdos políticos das contas que eles já seguem, incluindo autoridades públicas e governamentais. Ou seja, se o usuário estiver seguindo um perfil político "A", tal usuário não receberá recomendação de conteúdos do perfil político "B", ou mesmo do "C".

Apesar da medida prometer enfrentar a disseminação de desinformações, *fake news* e reduzir radicalizações no ambiente digital, precisamos trazer atenção para a falta de transparência nas regras dessa medida[22]. Além disso, surge uma discussão sobre o risco de tal medida ampliar ainda mais a radicalização[23], fazendo com que os usuários jamais recebam conteúdos de fora de suas "bolhas". A reflexão que resta é que em meio às regras pouco objetivas e o controle da *Meta* em definir o que é "conteúdo político" e o que não é, a quem interessa despolitizar a pluralidade do

[iii] Inspirado no texto autoral no Blog Gestão, Política & Sociedade, do Cadernos Gestão Pública e Cidadania (CGPC), no Acervo da Biblioteca da Escola de Administração de Empresas de São Paulo (EAESP) da Fundação Getulio Vargas (FGV), de 01 de Março de 2024.

debate no ambiente digital e concentrar as bolhas cada vez mais em si próprias?

Recomendação de conteúdo

Um algoritmo, de forma simples, é um conjunto de instruções ou regras que um computador segue para resolver um problema ou realizar uma tarefa. Vamos pensar nele como uma receita de bolo: quando você segue uma receita, há uma série de passos específicos que você deve executar em uma ordem particular para transformar ingredientes crus em um bolo delicioso. Da mesma forma, os algoritmos processam dados seguindo um conjunto de etapas definidas para alcançar um resultado desejado.

Além das considerações sobre o momento ideal para publicar ou a frequência de postagens, é crucial entender que os algoritmos são formados por um conjunto complexo de regras e instruções organizadas de maneira lógica. Essa complexidade se torna evidente quando as plataformas implementam diretrizes específicas, como a redução do alcance de certas palavras-chave, o que afeta negativamente a visibilidade de todas as publicações relacionadas a esses temas. Da mesma forma, quando optam por promover termos específicos, cria-se uma dinâmica em que as publicações passam a engajar "na lógica do algoritmo".

Por exemplo, nas redes sociais, os algoritmos decidem quais postagens você vê primeiro no seu *feed*. Eles analisam inúmeras informações sobre seu comportamento, como quais posts você curte, comenta ou compartilha, quanto tempo você passa olhando para certas fotos ou vídeos, e até mesmo o tipo de conteúdo que seus amigos estão interagindo. Usando essas informações, o algoritmo tenta prever quais postagens você achará mais interessantes e as coloca no topo do seu *feed* para mantê-lo engajado e conectado por mais tempo. Essa interação intrincada com os algoritmos vai muito além das práticas superficiais de otimização de conteúdo, alcançando um nível de sofisticação que molda diretamente o alcance e a visibilidade de determinadas palavras-chave, temas ou abordagens.

Nas redes sociais, porém, os algoritmos trabalham em favor da publicidade. Isto não é novidade, obviamente. Mas, na prática, significa que temas que não possuem apelo comercial, podem ser secundarizados no debate público, enquanto temas despolitizantes ou apelativamente polêmicos, levam a uma melhor venda de curtidas e engajamento — impulsionando inclusive desinformações.

Um exemplo está no uso da palavra "feminismo". Diversos casos relatam que, quando há uma publicação com conteúdos que falam sobre pautas feministas, o alcance dessa publicação é reduzido[24] — um fenômeno conhecido como "*shadowban*". Isso significa que, mesmo que as pessoas estejam interessadas e engajadas com esses temas, os algoritmos das plataformas diminuem sua visibilidade, fazendo com que menos usuários vejam essas postagens, enviesando o debate. Obviamente, alguém contrário às pautas feministas pode até querer comemorar que essas publicações tenham o seu alcance reduzido, mas isso até essa mesma pessoa ter o seu conteúdo reduzido porque a plataforma simplesmente quis reduzi-lo também.

Há também uma discussão crucial sobre o "racismo algorítmico". Como afirma o pesquisador Tarcízio Silva[25], "[o racismo algorítmico é] responsabilidade de quem produz tecnologia", pois as instruções que compõem os algoritmos são treinadas a partir de modelos e bancos de dados que majoritariamente refletem referências de pessoas brancas. Isso significa que as mesmas desigualdades e preconceitos presentes na sociedade são reproduzidos e amplificados nas plataformas digitais. Isto é, quando os algoritmos são desenvolvidos sem uma diversidade de dados e sem considerar o impacto social de suas decisões, eles acabam perpetuando discriminações, prejudicando grupos minoritários e marginalizados. Portanto, a prática de *shadowbans* em temas diversos demonstra como os algoritmos podem influenciar negativamente a visibilidade e a representação de certos grupos já marginalizados na democracia.

Em uma alegoria, vamos imaginar um país em que a Constituição e todas as leis são secretas, sendo que apenas o presidente da República e mais meia dúzia de ministros pudessem ter acesso às regras previstas na legislação desse país. Qualquer cenário próximo disso seria um completo absurdo, porque impediria sabermos se devemos andar ou não na faixa de pedestre, se podemos usar as nossas roupas de determinada forma ou de outra, ou sequer termos noção dos nossos deveres e muito menos dos nossos direitos. Apesar de parecer uma distopia, as plataformas digitais, as redes sociais e o ambiente da internet são quase como se fossem esse tal país em que a Constituição é secreta, com apenas meia dúzia de *Big Techs* tendo acesso ao conjunto de regras que pautam os algoritmos e decidem, no completo sigilo, qual conteúdo será privilegiado e qual conteúdo será punido. É nesse sentido que vale refletir, pois se sabemos que os algoritmos nada mais são do que conjuntos de regras de convivência da tecnosfera, por que não temos qualquer acesso a essas regras? É correto permitir que companhias privadas decidam os rumos de discussões públicas, calibrando algoritmos para que possam agilmente favorecer um lado da discussão e desfavorecer um outro?

Reflexões como essas têm mobilizado um esforço pela transparência algorítmica, buscando constranger companhias globais para que as suas decisões sejam abertas ao escrutínio público. No modelo atual, a democracia se fragiliza, pois a arena digital passa a ser tendenciosa, moldando a opinião pública aos interesses daqueles que detêm as plataformas — ou seja, os donos das *Big Techs*.

A decisão sobre o que é político e o que não é

Se as regras não são públicas e transparentes, a discricionariedade — isto é, a margem de decisão de quem decide — torna-se absoluta. Tão grave quanto não se saber as regras que regem um ambiente proposto a ser democrático — como a internet —, é sofrer a censura decorrente dessa falta de transparência. Pois, se na democracia temos dispositivos legais para acionar instâncias quando nos sentimos lesados, no ambiente digital temos incontáveis casos de publicações e contas banidas sem motivo, nem suporte.

Após a decisão da *Meta*21, a companhia passou a etiquetar ativamente conteúdos como "políticos" para restringir o seu alcance. Seria um vídeo de sátira um conteúdo político ou não? Uma teoria da conspiração um conteúdo político ou não? Uma declaração pública de uma celebridade um conteúdo político ou não? Se já sabemos que contas auto-descritas como políticas serão atingidas pela redução de alcance, os temas sensíveis e de debate social ficarão à critério da própria *Meta*, com esta podendo decidir arbitrariamente quais temas quer e quais temas não quer que sejam inseridos no debate dos países.

Vale lembrar que em 2022, o *Facebook* já foi criticado por restringir a visibilidade de postagens sobre direitos LGBTQIA+[26], destacando como a moderação algorítmica pode discriminar certos grupos e silenciar vozes importantes no debate público. Uma investigação do *The Markup* sobre *shadowbanning*[27] no *Instagram* mostrou que centenas de usuários relataram a supressão de suas postagens sem notificações nítidas da plataforma, levantando questões sobre a transparência e a justiça nas práticas de moderação de conteúdo, impactando negativamente a confiança dos usuários na plataforma. Em outros exemplos, um relatório de 2023 destacou que a moderação de conteúdo do *Instagram*, especialmente durante eventos políticos importantes, pode restringir a visibilidade de postagens consideradas politicamente sensíveis.

Ao analisarmos o impacto das *Big Techs* sob a lente da interseccionalidade, fica evidente que essas plataformas não afetam todas as pessoas da mesma maneira. Mulheres, pessoas LGBTQIA+, e indivíduos de baixa renda, por exemplo, encontram desafios únicos na sociedade digital. As plataformas, ao aplicarem seus algoritmos e políticas de moderação, acabam perpetuando preconceitos que já existem na sociedade. Para mulheres e pessoas

LGBTQIA+, isso pode significar enfrentar uma maior incidência de assédio online, enquanto seus relatos e vozes são sistematicamente silenciados ou despriorizados. Não é apenas uma questão de visibilidade, mas de sobrevivência em um espaço onde a discriminação pode ser amplificada por mecanismos invisíveis. A falta de diversidade na criação desses algoritmos contribui para uma experiência online que frequentemente ignora ou até mesmo prejudica essas comunidades.

As implicações para pessoas de baixa renda são igualmente preocupantes. O acesso à informação e às oportunidades muitas vezes dependem de uma presença constante e estratégica nas redes, algo que pode ser um luxo para quem luta para atender às necessidades básicas do cotidiano. Quando as plataformas priorizam conteúdos que geram mais receita ou que atraem mais cliques, os interesses e as necessidades de quem vive à margem ficam em segundo plano. Essa exclusão digital é uma forma *high tech* de perpetuar desigualdades socioeconômicas, criando uma barreira quase intransponível para que essas pessoas tenham voz ou visibilidade. A interseccionalidade, nesse contexto, revela como as *Big Techs* não só replicam, mas amplificam as disparidades sociais, e como isso exige uma resposta crítica que leve em conta essas camadas múltiplas de exclusão.

Portanto, quando a *Meta* toma a decisão de decidir o que é político e o que não é, para então reduzir o alcance daquilo que ela quiser, há inclusive um risco objetivo de restringir conteúdos informativos. Até porque, autoridades públicas, contas de entes governamentais e demais canais auto-descritos como políticos podem compartilhar informações sobre calendários de vacinação, sobre acessos a benefícios sociais, ou mesmo anúncios de políticas públicas. Com essas contas restritas, porém, figuras públicas e autoridades que publicarem informações de interesse público, terão alcance prejudicado, limitando o acesso dos cidadãos às informações de seus interesses e, consequentemente, às políticas públicas.

Por outro lado, a ambiguidade na definição de conteúdos políticos pode resultar em uma aplicação seletiva dessas etiquetas pela moderação da plataforma. Conteúdos controversos, como teorias da conspiração e discursos de ódio, podem passar por um critério de "neutralidade" que exclui a rotulagem como políticos. Isso significa que, sob a proposta da *Meta*, a restrição de conteúdos políticos poderia inadvertidamente abrir espaço para a disseminação de desinformação, indo contra o propósito declarado pela empresa. Assim sendo, a ausência de uma abordagem objetiva e transparente na categorização de conteúdos políticos pode gerar um cenário onde informações críticas são restringidas, enquanto narrativas prejudiciais escapam da mesma supervisão. Em última análise, a implementação de medidas destinadas a restringir conteúdos políticos requer uma abordagem criteriosa e transparente para evitar efeitos colaterais prejudiciais.

Em meio às disputas globais pela governança da internet e pela construção de um ambiente digital democrático, reforça-se a provocação para refletirmos em qual momento deixamos, enquanto sociedade, com que companhias privadas internacionais pautassem unilateralmente as regras de convívio no ambiente da tecnosfera. Até porque, diante das novas medidas, a proposta é que as mesmas companhias passem a decidir por nós até o que é político e será censurado; e o que não é político e poderá circular livremente.

Dessa forma, construir um ambiente saudável nas redes pressupõe transparência e a participação da sociedade na definição de rumos e objetivos que esse ambiente deveria ter. Caso contrário, a praça pública da tecnosfera se transforma em um shopping privado, com anúncios pautando o exato caminho que faremos entre uma vitrine e outra, nos distanciando cada vez mais daqueles que pensam diferente de nós e utilizando de algoritmos para nos guiar em um consumo de conteúdos instantâneos tão banal, mas tão banal, que se sustenta apenas tendo um fim em si mesmo. Enquanto isso, segue viva a narrativa de que é preciso produzir conteúdo incessantemente e agradar o algoritmo — se não, nem engaja nas redes, não?

As *Big Techs* transformam a desinformação em modelo de negócio[iv]

Em 2020, o mundo assistiu perplexo ao avanço não apenas do vírus SARS-CoV-2 durante a Pandemia da COVID-19, mas também aos efeitos da desinformação e da desordem informacional tomando conta das arenas públicas. Eis então que o termo "infodemia" é alavancado, representando um grande fluxo de informações que se espalham através do ambiente digital e sobrecarregam a sociedade com distintas e antagônicas "versões dos fatos".

O problema é que essa sobrecarga de informações trouxe efeitos nocivos às pessoas que sequer conseguem mais saber o que é real em meio a tanta desinformação. Se por um lado a desinformação traz efeitos nocivos às nossas vidas — levando ao consumo de substâncias que podem custar a nossa saúde, por exemplo —, por outro lado tem-se tornado evidente o quanto ela também pode beneficiar grupos maliciosos que lucram com a sua disseminação. Em meio às teorias da conspiração contra as vacinas e promessas milagrosas de supostos medicamentos de cura universal, nos resta questionar: "quem lucra quando a mentira avança?".

[iv] Inspirado no texto autoral no Jornal da Universidade de São Paulo (USP), de 26 de junho de 2024.

Dióxido de cloro (ClO_2)

O dióxido de cloro (ClO_2) é originalmente utilizado pela indústria para o branqueamento de polpa de madeira, mas é também visto no alvejamento de farinha e para a desinfecção de água. Contudo, este produto, que funciona bem para a limpeza industrial, tem sido disseminado falsamente como uma suposta "cura universal", ou ainda como um "detox vacinal". Vendidos em opções de "MMS"[v] e "CDS"[vi], os frascos de dióxido de cloro são abertamente comercializados em comunidades clandestinas do Telegram[28], além de estarem publicamente em sites de e-commerce, como o Mercado Livre e a *Amazon*[29]. Por trás daquilo que parece ser uma inocente crença nos poderes terapêuticos de uma substância da "saúde alternativa", organiza-se todo um modelo de negócio que lucra conforme avança a desinformação sobre o seu uso supostamente milagroso.

Dentre as promessas do dióxido de cloro, temos mais de 90 doenças ou condições listadas como supostamente "curáveis" por ele. Desde AIDS (HIV), até artrite reumatoide, ou ainda autismo, cálculo renal, fibromialgia, tuberculose, tumor e tantos outros, as propagandas disseminadas pelos produtores e comerciantes de dióxido de cloro incitam quase que uma busca imediata para aqueles que estiverem desesperados com a sua condição atual. No caso do "detox vacinal", o dióxido de cloro promete "desintoxicar" o usuário até de supostos nanorobôs e

[v] *Miracle Mineral Solution* ou Suplemento Mineral Milagroso, uma solução de clorito de sódio que, quando misturada com um ácido, gera dióxido de cloro, um agente químico utilizado como desinfetante. Em grupos de teorias da conspiração, o MMS é promovido falsamente como uma cura para uma ampla gama de doenças, incluindo autismo, HIV, câncer, e mais recentemente, COVID-19.

[vi] *Chlorine Dioxide Solution* ou Solução de Dióxido de Cloro, uma solução aquosa de dióxido de cloro, que é similar ao MMS, mas considerada por alguns grupos como uma forma "mais pura" e supostamente menos tóxica. Assim como o MMS, o CDS é promovido como uma cura milagrosa para várias doenças, embora não haja evidências científicas que suportem essas alegações. Assim como o MMS, o uso de CDS também é perigoso e pode levar a graves riscos à saúde.

microchips das vacinas, relacionando teorias da conspiração com a febre da substância.

Não bastasse lucrar com a venda, os dezenas de milhares de usuários que compõem as redes no Telegram, por exemplo, são expostos diariamente a *ebooks* e cursos sobre "as melhores formas de se consumir o dióxido de cloro". A monetização, portanto, não se restringe ao frasco de ClO_2, mas inclui até a transformação desse produto em um estilo de vida, oferecendo infoprodutos agregados. Em alguns casos, é passada a ideia de um "detox matinal", em que um *coach* propõe que o usuário consuma o seu dióxido de cloro acompanhado de banhos frios e caminhadas pela manhã.

É crucial considerar também o impacto psicológico devastador que tais desinformações têm sobre os indivíduos, especialmente sobre aqueles que estão vulneráveis ou em situações de desespero. A constante exposição a falsas promessas, teorias da conspiração e pseudociências pode criar um ciclo vicioso de ansiedade, medo e desespero, onde as pessoas são levadas a acreditar que estão em uma luta constante contra ameaças invisíveis. Esse estado de alerta permanente, exacerbado pela incerteza e pelo bombardeio de informações conflitantes, não apenas pode minar a saúde mental dos indivíduos, mas também enfraquecer a capacidade de discernir informações verídicas de falsas. A desinformação, nesse contexto, atua como uma forma de abuso psicológico, manipulando as emoções e os comportamentos das pessoas para mantê-las presas em um ciclo de medo e dependência. Isso até pode torná-las presas fáceis para novas formas de manipulação, seja por vendedores de produtos fraudulentos, políticos populistas ou grupos extremistas.

A disseminação de informações falsas sobre o dióxido de cloro não apenas ameaça a saúde pública, mas também levanta questões éticas e legais sobre a responsabilidade das plataformas digitais que permitem a comercialização e promoção desses produtos. As *Big Techs*, ao priorizarem o engajamento e os lucros publicitários sem moderação qualquer, muitas vezes negligenciam a necessidade de regulamentar e monitorar o conteúdo que circula em suas redes. Isso cria um ambiente onde a desinformação pode prosperar, colocando em risco a vida de milhares de pessoas que, desesperadas por uma cura, acabam sendo vítimas de fraudes e charlatanismo.

Lucro acima de tudo

Um estudo de 2019 conduzido pelo Índice Global de Desinformação (GDI) revelou que o mercado de desinformação gera cerca de 235 milhões de dólares em receitas de publicidade online[30]. Essa quantia foi obtida a partir de uma análise de cerca de 20 mil sites classificados como "desinformadores", utilizando uma média de remuneração de 0,70 dólares por mil cliques. A pesquisa destacou que essa receita é alcançada através da mídia programática com tráfego pago, uma dinâmica que automatiza leilões de espaços publicitários em tempo real, mostrando a escala e a lucratividade deste mercado de desinformação. Além disso, em 2021, um vazamento revelou o que foi apelidado de "*Facebook Papers*", um conjunto de documentos provando que o *Facebook* ignorou inúmeras *fake news* apenas para preservar o seu lucro[31], mantendo conteúdos nocivos na plataforma, mesmo após serem notificados.

Cabe também apontar que o *X*, antigo *Twitter*, foi identificado como a maior fonte de desinformação entre seis grandes redes sociais, incluindo *Facebook*, *Instagram*, *LinkedIn*, *TikTok* e *YouTube*. Um relatório da *TrustLab*, encomendado pela União Europeia[32], revelou que o X tinha a maior proporção de postagens e atores de desinformação. Esse estudo analisou mais de 6.000 postagens e cerca de 4.000 contas, destacando a vulnerabilidade do X à manipulação de informações.

Atualmente, o modelo de negócio das plataformas baseia-se em manter o usuário o máximo de tempo possível dentro delas. Se um usuário gosta de carros, por exemplo, os algoritmos das plataformas irão preferir distribuir conteúdos relacionados a carros para esse usuário. E o mesmo ocorrerá com usuários que gostem de maquiagem, basquete, misticismo ou qualquer assunto. Contudo, uma pesquisa do Instituto *Think Twice Brasil*[33] revelou que o *TikTok* proativamente envia e recomenda conteúdos violentos para jovens e adolescentes. A plataforma utiliza os seus algoritmos para identificar que vídeos violentos mantêm a atenção dos jovens por mais tempo, então passa a promover esses conteúdos de forma constante. Na prática, os jovens são expostos repetidamente a material perturbador, o que pode afetar negativamente sua saúde mental e emocional; o estudo inclusive aponta que parcela relevante desses jovens passa a praticar atos de violência após serem expostos a esses conteúdos ao longo do tempo.

Não muito distante de nossas mãos, quando buscamos sobre "dióxido de cloro" ou "detox vacinal", percebe-se o quanto é fácil encontrar recomendações para compra logo na primeira página do *Google*, ou ainda comunidades abertas em redes sociais. E mesmo com constantes notificações do poder público28, tais plataformas apelam pelo direito a uma suposta liberdade de expressão do emissor, mantendo tais comunidades e afirmando indiretamente que usuários maliciosos possuem uma intocável liberdade para intoxicar os demais com substâncias químicas, lucrando com a mentira.

Vale ressaltar que, em 2023, as gigantes tecnológicas investiram massivamente em publicidade digital, com um total de 110 bilhões de dólares. O *Google* e o *Facebook* juntos representaram mais de 60% desse valor, mostrando como controlam a maior parte do mercado de anúncios online. Esse domínio permite que essas empresas não apenas maximizem seus lucros, mas também exerçam um controle significativo sobre quais mensagens e produtos chegam ao público. Além disso, durante a Pandemia da COVID-19, as plataformas como *Facebook*, *YouTube* e *Twitter* enfrentaram críticas severas por sua incapacidade de combater eficazmente a desinformação. Um estudo inclusive mostrou que os algoritmos dessas plataformas tenderam a promover conteúdo provocativo e sensacionalista[34], que frequentemente inclui desinformação, devido ao maior engajamento gerado por tais postagens.

Quando vale tudo pelo lucro, temos jovens e adolescentes radicalizados apenas por ser mais fácil prender a atenção destes com conteúdos violentos. E, assim, o modelo de negócio das plataformas propicia uma exposição contínua a vídeos inclusive nocivos e perturbadores. Ou ainda, temos curas milagrosas chamadas de "Detox" causando danos à saúde das pessoas, apenas porque tais gurus pagaram pelo impulsionamento — e por uma melhor posição na prateleira das *Big Techs*. Vale reforçar que, mais do que aquele que comercializa o dióxido de cloro, lucra também aquele que propaga desinformações contra as vacinas, pois este cria demanda para que o ClO_2, por exemplo, entre em cena como uma solução milagrosa para o problema apresentado. Isto é, vende-se um problema embasado em teoria da conspiração para depois então vender a solução com uma cura milagrosa para um problema que sequer existe.

Enquanto alguns defendem que a internet seja uma terra sem lei, outros lucram com um modelo de negócio que aprendeu a criar a própria demanda com o caos social e a desinformação. Assim, nos resta refletir até que ponto permitiremos que o lucro justifique a exploração da vulnerabilidade humana e a manipulação da realidade, pois, enquanto isso, o mantra da liberdade de expressão é evocado para proteger a monetização da mentira no ambiente virtual.

III

Impactos: Algoritmos & hipersegmentação da vida

As *Big Techs* impulsionam teorias da conspiração e discursos de ódio

O modelo de negócio das plataformas — como o *Facebook*, *Instagram*, *Twitter* (atual '*X*'), *Youtube* e similares — depende exatamente do tempo de uso de tela praticado pelo usuário, fazendo com que este gaste até longas horas assistindo a vídeos e mais vídeos que chegam de forma personalizada. Contudo, muito além de assistir a vídeos com animais engraçados ou se divertir com entretenimentos leves, esse mesmo modelo de negócio pode ser responsável por reforçar estereótipos e distribuir conteúdos criminosos para usuários com tendências a aderir a esses temas.

Durante a Pandemia da COVID-19, canais com *fake news* sobre vacinas no *YouTube* tiveram um alcance três vezes maior do que os canais informativos[35], sendo engajados artificialmente pelos algoritmos de recomendação de conteúdo da plataforma. Em meio às disputas informacionais e diante da compreensão de que por trás da desinformação há a intencionalidade do emissor: como os algoritmos podem impulsionar teorias da conspiração e discursos de ódio? Ou ainda: quais seriam os riscos para a democracia, para a polarização política e para a própria percepção da realidade?

Impulsionando quem desinforma

Em janeiro de 2019, o *YouTube* anunciou uma iniciativa para combater teorias da conspiração em toda a plataforma[36]. No entanto, apesar das medidas prometidas, a realidade tem mostrado que os algoritmos ainda possuem um viés significativo, ampliando radicalizações e promovendo discriminações. Uma investigação realizada pelo NetLab (UFRJ)[37], em 2023, por exemplo, mapeou 13 mil comentários em 982 vídeos recomendados pelo *YouTube*. Os resultados revelaram que canais como o Brasil Paralelo aproveitaram-se das recomendações da plataforma para difundir teorias da conspiração negacionistas, como aquelas que negam a emergência climática. Esses vídeos, ao serem recomendados pelo algoritmo do *YouTube*, ganham maior visibilidade e alcance, facilitando a adesão de mais pessoas a essas falsas narrativas.

Na prática, quando você assiste a um vídeo no *YouTube*, o algoritmo sugere outros vídeos com base no que você assistiu anteriormente. Se um usuário clicar em um vídeo sobre uma teoria da conspiração, o algoritmo pode sugerir mais vídeos similares, ao invés de apresentar um contraponto baseado em evidências científicas, aumentando a exposição a conteúdos desinformativos. Esta situação revela como os sistemas de recomendação, embora vendidos de forma otimista e neutra como um mecanismo para melhorar a experiência do usuário e o acesso à informação, podem amplificar conteúdo nocivo quando manipulados por atores mal-intencionados.

Já com o estudo da UFMG, é possível observar como a inteligência artificial absorve padrões discriminatórios. Pois, da mesma maneira que o algoritmo aprende as músicas e os filmes preferidos do usuário, ele também aprende suas preferências políticas. Nessa investigação, mais de 330 mil vídeos foram listados no *YouTube*, totalizando 360 canais e 79 milhões de comentários[38], apontando que os "canais supremacistas brancos são beneficiados pela migração de apreciadores de canais politicamente conservadores de conteúdo menos radical". Isto é, a lógica de recomendação de conteúdo do *Youtube* beneficia uma dinâmica de radicalização, fazendo com que os usuários recebam mais conteúdos com viés, para que a plataforma possa garantir mais tempo de tela. Vale lembrar que, com mais de 2,6 bilhões de usuários ativos mensais em 2023, o *YouTube* se consolidou como a principal plataforma de compartilhamento de vídeos no mundo[39]. Isso dá ao *Google*, dono do *YouTube*, um controle substancial sobre quais tipos de conteúdo visual são promovidos e consumidos globalmente

Há certa similaridade com as reflexões trazidas pela pesquisa de membros do *Centro Berkman Klein*, um instituto da Universidade *Harvard*[40], a qual demonstrou o papel do sistema de recomendação do *YouTube* na radicalização política dos brasileiros. Como modelo de teste, os pesquisadores configuraram um servidor no Brasil para simular o comportamento no *YouTube* de um usuário com histórico de navegação zerado. Conforme os usuários-teste foram adentrando em conteúdos, mais eram recomendados vídeos de extrema direita e conteúdo violento, incluindo informações duvidosas de saúde, como promessas de curas para dengue, zika ou malária.

Também, um relatório da *CSIS*[41] destacou que as teorias da conspiração do *QAnon* se espalharam significativamente através das redes sociais, especialmente durante a Pandemia da COVID-19. Assim, os algoritmos, projetados para maximizar o engajamento, frequentemente sugeriam conteúdo conspiratório para usuários interessados em tópicos semelhantes, criando um ciclo de retroalimentação conspiracionista. Fora das redes, porém, a teoria da conspiração *QAnon* ganhou popularidade e foi associada a vários incidentes violentos. Em 2020, o *FBI* classificou *QAnon* como uma potencial ameaça terrorista doméstica, uma vez que seguidores do *QAnon* estiveram envolvidos em vários ataques, incluindo uma tentativa de sequestro de uma governadora.

Além dos algoritmos, porém, há a forma como esses são usados. Pois, se não existissem determinados vídeos, as plataformas não teriam o que recomendar. Parece haver uma relação dialética, pois se, por um lado, a plataforma recomenda tais conteúdos porque possuem mais apelo e aumentam o uso de tela dos usuários, por outro lado, quem produz esse tipo de conteúdo sente-se estimulado para seguir produzindo, especialmente se houver uma remuneração por quantidade de acessos e visualizações. Isto é, a demanda e a oferta de produção de conteúdos nas plataformas se sustentam não norteadas pela qualidade do conteúdo ou da contribuição deste para a humanidade, mas pela polemização do engajamento, trazendo maior remuneração, mesmo que aumente a polarização afetiva.

Nesse *loop*, há quem tenha aprendido a fazer uso dos algoritmos para desinformar em escala industrial, lucrando com a polarização. Pois prioriza-se não a produção de conteúdo ou informações, mas a polarização por meio de "*click-baits*", polêmicas e conteúdos distorcidos, que buscam exatamente responder à demanda dos algoritmos, acirrando a desordem informacional. Nesse contexto, a responsabilidade das plataformas não se limita apenas a ajustes técnicos, mas também à consideração ética sobre o papel que desempenham na construção da narrativa pública.

Restringindo quem informa

Em outra frente, o portal Desinformante chegou a fazer um levantamento sobre o chamado *shadowban*[42], a censura "de leve" que estaria codificando a conversa no *Instagram*. Como demonstra, não há qualquer informação pública sobre quais termos levam ou deixam de levar à restrição de alcance ou ao impulsionamento algorítmico. Essas práticas de *shadowbanning* promovidas pelas plataformas deveriam, porém, ser capazes de detectar um conteúdo problemático para a rede, isto é, discursos de ódio, ou violência, por exemplo. Mas muitas das restrições recaem sobre conteúdos que apenas não são de interesse da plataforma, mesmo que sejam informativos, ou que tratem de visões de mundo válidas e democráticas.

Aquilo que inclusive tem sido chamado de racismo algorítmico evidencia a não-neutralidade dos algoritmos e a sua parcialidade, pois em um caso muito emblemático do ano de 2020, testes conduzidos no *Twitter* revelaram que a plataforma trazia mais engajamento para fotos de pessoas brancas do que de pessoas negras[43]. Além disso, há toda uma discussão sobre como os algoritmos enfraquecem vozes negras nas redes, pois, como aponta o pesquisador Tarcízio Silva, essas práticas manifestam-se como aspectos discriminatórios em análise de recomendação de conteúdo, anúncios, reconhecimento facial e visão computacional, buscadores e outros[44]. Em outra pesquisa, foi possível observar a existência de viés algorítmico até mesmo nos serviços de assistentes inteligentes de voz do celular, onde a Universidade de Fortaleza (Unifor) em conjunto com a UFMG, apontou que a eficiência dos assistentes de voz, como *Google* e *Siri*, varia conforme o sotaque e o nível de escolaridade[45].

A falta de transparência nas políticas de restrição de alcance levanta preocupações sobre a possibilidade de arbitrariedade nas decisões algorítmicas, questionando se tais práticas estão verdadeiramente alinhadas com a promoção de um ambiente saudável online. Além disso, o racismo algorítmico revela como sistemas automatizados podem inadvertidamente perpetuar desigualdades, expondo falhas no reconhecimento e promoção equitativa de conteúdo. Assim sendo, a busca por equidade e justiça digital exige não apenas ajustes técnicos, mas uma mudança fundamental na abordagem em relação aos algoritmos, visando garantir que essas ferramentas promovam a diversidade, inclusão e imparcialidade.

Os algoritmos das plataformas digitais têm demonstrado viés significativo que, além de amplificar desinformações conspiratórias, pode reduzir o alcance de quem produz narrativas e conhecimentos informativos. Isso é particularmente problemático no campo da divulgação científica, por exemplo, onde muitos divulgadores de Ciência relatam que suas postagens, mesmo quando embasadas em pesquisas rigorosas e revisadas por pares, não alcançam um público amplo devido às limitações impostas pelos algoritmos. Ao mesmo tempo, conteúdos sensacionalistas e teorias da conspiração sobre saúde e ciência ganham destaque, promovendo desinformação e minando a confiança pública na ciência.

Um exemplo disso foi na Pandemia da COVID-19, quando vídeos promovendo curas milagrosas e desinformação sobre vacinas receberam significativamente mais visibilidade do que os conteúdos científicos que explicavam a importância da vacinação e desmentiam falsas alegações. Plataformas como o *YouTube* e o *Facebook*, em vez de priorizarem informações precisas e baseadas em evidências, muitas vezes promovem conteúdos que geram mais engajamento, independentemente de sua veracidade. Isso cria um ambiente onde a evidência científica é suprimida, enquanto a desinformação se espalha rapidamente, colocando a saúde pública em risco.

Essas reflexões nos trazem luz à necessidade de compreender que a internet não pode ser terra sem lei e não por mero mote, mas por preservação da vida e da própria democracia. Mais do que isso, de que não basta um único gestor para controlar o ambiente digital sem transparência algorítmica — como hoje fazem as empresas detentoras das plataformas. Com o controle unilateral dos algoritmos, temos quase que uma IA-cracia, um novo paradigma de controle social e político, em que algoritmos pautam visões de mundo e quais debates ganham ou perdem visibilidade no cenário nacional e internacional. Além disso, a ausência de supervisão externa e a opacidade das operações dos algoritmos resultam em uma falta de responsabilidade, permitindo que desinformações sejam amplificadas enquanto conteúdos críticos e informativos são suprimidos. A questão central é: como podemos assegurar que os algoritmos operem de maneira justa e equitativa, refletindo os valores democráticos e promovendo um ambiente de debate saudável?

Dessa forma, é necessário haver uma governança intersetorial, isto é, envolvendo as empresas detentoras das plataformas e o Estado no desenho dos algoritmos, mas principalmente a sociedade civil, as organizações, a academia e os especialistas no tema, para ser possível encarar os algoritmos como elemento de debate público, sabendo que todas as demais discussões passam pelo filtro de recomendação ou banimento que as plataformas controlam.

Por fim, em meio à disputa pelos rumos da sociedade que cada um de nós deseja construir, pelo menos que exista a possibilidade de transparência de regras, além de margem para uma governança compartilhada. Caso contrário, seguiremos na escuridão, com algoritmos privados pautando a opinião pública a partir daquilo que for trazer mais tempo de uso de tela e lucro, mesmo que para isso tenha que ser transmitido o fim da realidade ao vivo.

As *Big Techs* podem colocar vidas em risco[vii]

Quantas vidas custam uma *fake news*? No século VI, durante o Império Bizantino, a mentira foi usada como uma poderosa ferramenta para manchar reputações e disputar o poder. Um exemplo é o caso de um general[46], o qual foi alvo de uma campanha de difamação. Seus adversários espalharam rumores sobre sua suposta conspiração contra o imperador, resultando na prisão do general a partir de tais rumores — mais adiante desmentidos. Outro exemplo é o Caso Dreyfus[47], de 1894, em que um oficial do exército francês, foi falsamente acusado e condenado por espionagem, em uma narrativa alimentada por antissemitismo. Para justificar a suposta espionagem praticada por Dreyfus, a mídia e o governo disseminaram informações falsas para incriminá-lo, provocando uma profunda divisão na sociedade francesa com um debate sobre justiça e direitos humanos.

Já no século XX, vivemos a tragédia conduzida por Joseph Goebbels[48], ministro da propaganda na Alemanha nazista. Durante o regime de Hitler, ele então utilizou jornais, rádios e filmes para manipular a opinião pública, promovendo a ideia de que os judeus seriam os inimigos do Estado, visando à perseguição e ao extermínio sistemático de milhões. Essa campanha de desinformação não apenas consolidou o poder do regime nazista, mas também causou um dos maiores genocídios da história, demonstrando o poder devastador da manipulação em massa. Investigar esse processo do uso da comunicação para disputar a

---

[vii] Inspirado a partir do texto em coautoria com o deputado federal relator do PL 2630/2020, Orlando Silva, no Nexo Jornal, de 12 de novembro de 2022.

realidade em perspectiva histórica nos ajuda a compreender inclusive a escalabilidade da comunicação através da evolução das tecnologias, indo desde rumores palacianos até jornais impressos e as transmissões de rádio.

Eis que então a internet surge como uma promessa otimista de democratização da comunicação, mas que, cada vez mais, tem sido capturada por grupos maliciosos para subverter todo o seu potencial. Essa tecnosfera pode, ao mesmo tempo, ampliar vozes e fortalecer a liberdade de expressão, mas também ser instrumentalizada para a propagação de mentiras e teorias da conspiração que não trazem benefícios quaisquer à humanidade — pelo contrário, colocam vidas em risco e causam danos concretos. Não à toa, a facilidade com que informações falsas podem ser criadas e disseminadas *online* dá a qualquer grupo com algum grau de infraestrutura o poder de direcionar o rumo narrativo de percepções públicas.

É esse casamento entre a distorção dos fatos tal como eles são e a comunicação de larga escala que pode emular realidades paralelas — quase que como um Brasil paralelo —, onde narrativas distorcidas fabricam uma versão alternativa que sirva para interesses particulares. Com os disparos não mais sendo com revólveres, mas em massa e com cliques, há de se refletir: quais são os reais impactos da desinformação nas nossas vidas? Quais as responsabilidades dos *gatekeepers — as Big Techs* — nesse processo?

Desinformação custa vidas

Os estudos sobre desinformação identificam a internet como um facilitador crucial na rápida e ampla propagação de informações falsas. A combinação de algoritmos de redes sociais, que priorizam conteúdo sensacionalista, e a proliferação de *bots* automatizados pode amplificar a disseminação de *fake news*. Uma publicação basilar de Vosoughi, Roy e Aral (2018)[49] na revista *Science* nos mostra inclusive que notícias falsas têm 70% mais chances de serem retweetadas do que notícias verdadeiras. Já o estudo de Wardle e Derakhshan (2017)[50] no *Council of Europe* fundamenta que a desinformação é uma ameaça significativa à democracia, comprometendo a confiança pública nas instituições e distorcendo o processo eleitoral.

Na relatoria do projeto de lei de combate às *fake news* (PL 2630/2020) temos visto como o gabinete do ódio opera com uma base atiçada por conteúdos incendiários, inclusive boicotando o próprio debate sobre o projeto de lei. Essa mobilização coordenada, quando incentivada, se soma aos robôs para subir *hashtags* e influenciar opiniões em efeito manada. Mais grave ainda é quando as *fake news* saem das redes sociais e impactam nossas vidas diretamente. E nessa dinâmica, a desinformação se manifesta como ação política, com o objetivo de induzir ao erro. Não sendo algo casual ou operado organicamente pelos chamados "tios do zap", mas fruto de articulação entre infraestrutura, intencionalidade e oportunidade.

Para ilustrar os impactos da desinformação, podemos considerar casos como o movimento antivacina nos Estados Unidos. A disseminação de informações falsas sobre a suposta ligação entre vacinas e autismo, amplamente desmentida pela comunidade científica, resultou em uma redução na taxa de vacinação e no ressurgimento de doenças anteriormente controladas, como o próprio sarampo. Como consequência, em 2019, os EUA enfrentaram o maior surto de sarampo em 25 anos[51], com 1.282 casos reportados em 31 estados — devido a quedas nas taxas de vacinação.

No Reino Unido, durante a Pandemia da COVID-19, a desinformação também causou hesitação e rejeição da vacina entre certos grupos. De acordo com um estudo publicado pelo *Office for National Statistics (ONS)* em 2021[52], aproximadamente 6% dos adultos no Reino Unido relataram hesitação em tomar a vacina contra a COVID-19, com as taxas de hesitação vacinal sendo maiores entre minorias étnicas, especialmente entre adultos negros (22%). Além disso, a pesquisa revelou que a hesitação vacinal estava associada a crenças em informações falsas sobre as vacinas, como a ideia de que a vacina poderia alterar o DNA humano, dentre outras teorias da conspiração que ganharam lastro.

Não precisamos ir longe, pois diversos exemplos ocorreram durante a presidência de Jair Messias Bolsonaro, especialmente com a promoção constante do uso de um suposto "kit covid", incluindo a cloroquina, para supostamente tratar da COVID-19. Essa recomendação levou a um aumento alarmante de 558% entre 2019 e 2020[53] nas hospitalizações pelo uso irresponsável de cloroquina. Esse aumento foi particularmente significativo no estado do Amazonas, onde 96% das hospitalizações ocorreram, refletindo a implementação oficial do "kit covid" pelo Governo Federal na região. A hidroxicloroquina, outro medicamento promovido por Bolsonaro, não havia sequer registrado nenhuma hospitalização em 2019. No entanto, em 2020, surgiram 168 notificações de hospitalização e oito mortes relacionadas ao seu consumo irresponsável.

Os impactos das *fake news* nas nossas vidas não param por aí. Cada centavo de dinheiro público desperdiçado com políticas públicas baseadas em desinformação significa menos recursos para escolas, postos de saúde e comida na mesa do povo. Como exemplo, o "kit covid" chegou a ser apresentado a um custo de 250 milhões de reais aos cofres públicos[54], só sendo barrado após denúncia da Comissão Parlamentar de Inquérito (CPI) da Pandemia. Além disso, o governo zerou o imposto de importação da cloroquina e da azitromicina[55] — o que reduziu a arrecadação na área — e injetou mais de 1,5 milhão de reais em contratos sem licitação para viabilizar o acesso à cloroquina[56], sendo alvo de investigação do Tribunal de Contas da União (TCU).

Com um presidente da República contrariando a Organização Mundial da Saúde (OMS), os conflitos e ambiguidades foram sendo ampliados. Assim, a desinformação também prejudicou os agentes públicos que atuam na linha de frente. Se cada órgão e esfera de governo fala algo diferente, qual prescrição o agente público deveria seguir? A partir dessa provocação, um estudo liderado pela professora Gabriela Lotta (2020)[57] mostrou que 33,8% dos Agentes Comunitários de Saúde do país achavam razoável que, durante a Pandemia da COVID-19, medicamentos sem comprovação de eficácia pudessem ser utilizados. Com a desinformação sobre quais medicações usar e as falas do então presidente, a margem de decisão dos profissionais da linha de frente foi aumentando, somando-se às crenças particulares de cada um e descoordenando a orientação às políticas públicas.

Além do efeito mais imediato, há consequências estruturais na implementação de políticas públicas. Um exemplo disso é a poliomielite, que ameaça retornar após 35 anos desde o último registro no Brasil. A associação da vacinação a teorias da conspiração por Bolsonaro contribuiu com parte do que foi a queda brutal no percentual de cobertura da vacinação infantil[58], fazendo o Brasil retornar à taxa de cobertura vacinal de 1987 e expondo a população ao risco de complexidades que já haviam sido erradicadas.

Em suma, a desinformação não apenas distorce a percepção pública e compromete a confiança nas instituições, mas também coloca vidas em risco direto. A internet e as redes sociais, apesar de sua promessa de democratização da informação, têm sido terreno fértil para a disseminação de informações falsas, causando danos que vão desde o desperdício de recursos públicos até a perda de vidas humanas. Mas então, qual o papel daqueles que detêm as plataformas? Qual a responsabilidade para enfrentar ameaças contra a vida humana sem promover censura e cercear a liberdade de expressão?

Omissão custa vidas

Existe uma máxima que diz que toda omissão também é uma ação. Na ciência política não é diferente, P. Bachrach e M. Baratz (1963) apontam[59] que a não decisão também é uma forma de decisão. Nesse raciocínio, vimos, em diversos exemplos tanto de ação quanto de omissão, em que as plataformas sistematicamente têm propiciado terreno para impulsionar teorias da conspiração e desinformações nocivas à sociedade, seja com o apontamento de que canais com desinformações sobre vacinas no *YouTube* tiveram um alcance três vezes maior do que os canais informativos[35], ou ainda que o *TikTok* estaria ativamente disseminando conteúdos de violência para jovens e adolescentes em troca do lucro das visualizações33.

Fato é que, apesar das plataformas anunciarem supostas medidas de enfrentamento à desinformação ano após ano36 dizendo que adotam práticas de contenção de narrativas em larga escala, levantamentos detalhados e vazamentos de informações internas têm mostrado que, na prática, as *Big Techs* pouco ou nada fazem para efetivamente enfrentar a disseminação de desinformações em suas plataformas34. Dessa forma, se a desinformação custa vidas, a omissão diante da desinformação também custa vidas.

Em mais evidentes omissões das *Big Techs* no enfrentamento à desinformação, cabe recordar as falhas do *Facebook* em moderar conteúdo nocivo em suas plataformas. Em 2021, uma investigação do *Wall Street Journal* revelou[60] que a empresa estava ciente dos impactos negativos do *Instagram* na saúde mental dos adolescentes, mas optou por não agir decisivamente para mitigar esses efeitos, priorizando o engajamento e o lucro. Além disso, um estudo realizado pela *Avaaz* em 2020[61] descobriu que 41% das informações falsas sobre saúde permaneceram sem aviso na plataforma, mesmo após serem sinalizadas por verificadores de fatos. A inércia da empresa permitiu que essas falsas narrativas alcançassem 3,8 bilhões de visualizações em cinco países, incluindo o Brasil. No *Twitter*, apesar das promessas de combater *fake news*, uma análise da *George Washington University* mostrou[62] que 20% das contas que espalharam desinformação sobre as eleições de 2020 nos EUA ficaram ativas meses após a identificação.

Com a manipulação da realidade, a disputa de opiniões, já repleta de desigualdades, fica ainda mais desequilibrada, custando vidas em meio ao discurso de ódio e à escalada da violência política. A ameaça à democracia não passa longe, enquanto narrativas encomendadas e operadas por profissionais ganham vantagem no volume de *bots* e no grito incendiado. Além da disputa nas redes, porém, a desinformação e as *fake news* têm nos custado vidas. Há quem chame de "narrativa", "versão dos fatos" ou até "pós-verdade", mas com tantos conflitos e ambiguidades, nos resta chamar tudo isso por um nome mais antigo do que o próprio Império Bizantino. E esse nome é "mentira". Portanto, em contraponto à barbárie da distopia da desinformação e de um Brasil paralelo com a mentira pautando políticas públicas, emerge o desafio de resgatar a realidade e fazer da verdade um compromisso comum daqueles que defendem a democracia. Caso contrário, quantas mais vidas serão tomadas em meio a tanta desinformação?

As *Big Techs* ameaçam a liberdade de expressão[viii]

Quem nunca viu alguém evocando o direito à liberdade de expressão quando foi acusado de disseminar *fake news*, discurso de ódio ou promover ataques às instituições? Não se trata apenas daqueles que replicam mensagens no grupo da família, mas principalmente de figuras públicas, por vezes até mesmo eleitas e com o poder institucional nas mãos, as quais fazem questão de vestir um manto do "direito à liberdade de expressão" para buscar legitimar ataques que realizam. Essas figuras chegam a tratar a desinformação e as *fake news* como se fossem meros pontos de vista, confundindo a opinião pública e minando a confiança nas instituições democráticas. Essa estratégia não apenas distorce maliciosamente a percepção da realidade, mas também ameaça os pilares fundamentais da sociedade e da própria liberdade de expressão, pois tudo se torna ainda mais subjetivo e menos material, construindo o que gostam de chamar de "versões dos fatos" — algo digno de um Brasil paralelo.

Há toda uma discussão sobre o "paradoxo da tolerância" de Karl Popper (1945)[63], cujo autor austro-britânico reforça que "devemos-nos reservar, em nome da tolerância, o direito de não

---

[viii] Inspirado a partir do texto em coautoria com o pesquisador e jurista Anderson Ribeiro de Freitas, no portal da Escola Superior de Advocacia (ESA) da Ordem dos Advogados do Brasil (OAB) São Paulo, de 01 de março de 2021.

tolerar o intolerante". Esse paradoxo ganha uma nova dimensão na era da plataformização de dados, onde a informação se propaga quase que instantaneamente e a desinformação é utilizada de forma premeditada para manipular a percepção da realidade. A questão torna-se ainda mais complexa quando se tenta equilibrar a liberdade de expressão com a necessidade de proteger direitos e garantias fundamentais, com a desinformação apostando corrida com as instituições democráticas.

Entre a liberdade de expressão e as *fake news*, surge uma reflexão sobre onde fica o direito à democracia e o direito à realidade. Não se trata de uma realidade idealista, absoluta e verdadeira, até porque a própria concepção de realidade é fruto de disputas cotidianas e legítimas entre as subjetividades que a interpretem. Contudo, há pelo menos algum grau de materialidade que sustente tais percepções da realidade, por mais subjetivas que elas venham a ser. Quando a desinformação entra em cena, no entanto, a materialidade leva uma rasteira, sobrando apenas uma distorção abstraída que manipula toda a disputa pela subjetividade de um mundo com base material.

Há de se refletir que uma democracia não reúne condições de prosperar sem uma base de materialidades minimamente verificáveis e alinhadas a um pacto social projetado nas instituições. Assim, quando a desinformação se infiltra na opinião pública, ela compromete o direito dos cidadãos inclusive de tomarem decisões minimamente informadas, corroendo a própria essência do debate democrático. Portanto, como podemos garantir que a liberdade de expressão não seja utilizada como um escudo oportunista para a propagação de mentiras e até mesmo de práticas criminosas?

Direito à liberdade de expressão

No Brasil, o direito à liberdade de expressão está garantido pelo artigo 5º da Constituição Federal de 1988[64]. Este direito, expresso no inciso IX, assegura que "é livre a expressão da atividade intelectual, artística, científica e de comunicação, independentemente de censura ou licença". Em outras palavras, todos têm o direito de pensar e compartilhar as suas ideias sem restrições, um princípio essencial para a manutenção de um Estado democrático de direito. Entretanto, é importante entender que nenhum direito é absoluto. A Constituição estabelece que um direito não pode existir de forma a prejudicar outro. Para garantir um equilíbrio, a própria Constituição apresenta limites à liberdade de expressão nos incisos IV e X do artigo 5º:

Segundo o inciso IV: "É livre a manifestação do pensamento, sendo vedado o anonimato". Isso significa que, para garantir um debate aberto e responsável, as pessoas devem minimamente se identificar ao expressarem as suas opiniões. Assim, se alguém faz uma declaração pública, deve estar preparado para assumir a responsabilidade por suas palavras, inclusive em situações judiciais.

Também aponta o inciso X: "São invioláveis a intimidade, a vida privada, a honra e a imagem das pessoas, assegurado o direito a indenização pelo dano material ou moral decorrente de sua violação". Este inciso estabelece que, embora todos tenham direito à liberdade de expressão, isso não deve ocorrer às custas da dignidade e dos direitos de outras pessoas. Por exemplo, uma crítica pública não pode violar a privacidade ou a honra de alguém sem consequências legais.

Esses limites funcionam como um sistema de freios e contrapesos, sendo essencial para uma convivência em sociedade. É como se a sociedade tivesse um acordo implícito e abstrato, o chamado pacto social, onde todos possuem direitos, mas também possuem deveres, pressupondo que um não prejudique o outro.

Por exemplo, imagine a liberdade de expressão como o trânsito de uma grande cidade. Todos têm o direito de dirigir, mas precisam seguir regras para evitar acidentes. Se alguém dirige de forma irresponsável, colocando outras pessoas em risco, precisa ser responsabilizado. Isto é, ao usar a liberdade de expressão, deve-se ter em mente que palavras — e especialmente desinformações — podem custar até mesmo vidas, haja visto todos os exemplos apontados. Em outras palavras, usar do direito de liberdade de expressão para atacar indivíduos, grupos diversos ou instituições é como dirigir de forma irresponsável na esquina de uma praça: pois não apenas viola o pacto social, mas ameaça a segurança e a integridade de outras pessoas.

Portanto, o Direito Constitucional não apenas protege a liberdade de expressão, mas também assegura que essa liberdade seja exercida de maneira responsável, pressupondo por um ambiente de equilíbrio entre os diversos direitos e liberdades dos cidadãos. Para tanto, pela defesa dos princípios democráticos, é preciso reafirmar a liberdade de expressão como um direito de via dupla — no mínimo — no qual tanto o emissor tem o direito de se expressar em relação ao que pensa, mas também o receptor tem o direito de receber uma informação minimamente compatível com a realidade. Caso contrário, se exclusivo o direito à liberdade de expressão apenas ao emissor, qual direito de compreensão e interação com a realidade terão aqueles que receberem notícias falsas e desinformações?

É nesse cenário que, ao pouco ou nada fazerem para enfrentar a disseminação de desinformações, as *Big Techs* limitam o direito à liberdade de expressão dos usuários, suprimindo o direito do receptor de receber uma informação minimamente próxima da materialidade. Quando as plataformas não atuam para a prevenção e contenção das *fake news*, elas criam um ambiente onde a desinformação é tratada como apenas mais um "ponto de vista". Além disso, essa presença constante de informações falsas pode comprometer a capacidade dos cidadãos de discernir o que é real em meio a tanta desinformação, corroendo o próprio processo democrático. Logo, a omissão das *Big Techs* não pode ser vista como neutralidade, pois, ao permitir que a disseminação de mentiras ocorra cotidianamente, elas participam ativamente da construção de um cenário caótico onde a materialidade perde o seu valor e a manipulação intencional se torna aceitável.

Além da omissão na contenção de desinformações, as *Big Techs* também praticam ações que — essas especialmente — ameaçam diretamente o direito à liberdade de expressão dos usuários, muitas vezes de maneira arbitrária e sem transparência. Quando derrubam publicações sem fornecer uma explicação objetiva, ou praticam *shadowbanning*, limitando o alcance de contas de forma indiscriminada, as plataformas estão, na prática, censurando vozes e opiniões sem um devido processo. Essa falta de clareza nas decisões e nos critérios utilizados para moderar o conteúdo não apenas prejudica os usuários afetados, mas também gera um clima de insegurança e desconfiança entre todos os demais usuários. A ausência de regras nítidas sobre o funcionamento dos algoritmos agrava ainda mais essa situação, pois torna impossível para os usuários entenderem os motivos por trás das decisões que impactam diretamente a sua capacidade cotidiana de se expressar.

A ameaça à liberdade de expressão pelas *Big Techs*, portanto, se manifesta tanto pela omissão quanto pela ação. De um lado, ao serem omissas no combate à disseminação de desinformações de maneira eficaz, elas permitem que a realidade seja constantemente manipulada, comprometendo o direito dos cidadãos a informações minimamente embasadas. Por outro lado, ao atuarem de forma arbitrária e opaca na moderação de conteúdo, as *Big Techs* violam o direito dos cidadãos de expressarem as suas opiniões livremente. Esse duplo ataque à liberdade de expressão exige uma reflexão profunda sobre o papel e a responsabilidade dessas plataformas na sociedade.

Direito à realidade

É preciso reforçar que não podemos cair no mantra de que existe uma suposta verdade absoluta ou uma realidade única e estática. A subjetividade faz parte da experiência humana, e nossos conceitos de verdade e realidade são moldados a partir de disputas sociais sobre seus significados e manifestações. No entanto, é irresponsável polarizar o debate como se fosse o direito à liberdade de expressão *versus* uma suposta "censura" quando, na verdade, estamos falando de enfrentar crimes graves e a disseminação intencional de mentiras. Essa polarização oportunista simplifica a questão e banaliza até mesmo os princípios da nossa Constituição. A liberdade de expressão e a democracia são interdependentes e essenciais uma para a outra.

Permitir que "versões dos fatos" manipuladas ganhem relevância no debate público pode germinar realidades paralelas e ameaçar diretamente a nossa democracia. Em cenários assim, teorias da conspiração podem se fortalecer e dominar o discurso público — desde uma "mamadeira erótica", até o "kit gay" que nos leva ao "banheiro unissex" —, comprometendo até o processo de priorização de políticas públicas ou de escolha dos representantes eleitos. Pois, se a realidade é constantemente manipulada por desinformações, os eleitores podem ser levados a acreditar em narrativas falsas e escolher líderes que proponham enfrentar espantalhos que sequer existem.

Um exemplo evidente desse fenômeno é conhecido o escândalo da *Cambridge Analytica*. O caso mostrou como os dados de 87 milhões de usuários do *Facebook* foram explorados para influenciar eleições ao redor do mundo[65]. Esse episódio evidenciou o uso irresponsável e oportunista de nossos dados pessoais por parte das *Big Techs*, comprometendo processos democráticos e manipulando a opinião pública. Na ocasião, a *Cambridge Analytica* usou dados privados para criar perfis psicológicos detalhados dos eleitores e, a partir disso, direcionar mensagens personalizadas que exploravam medos, desejos e preconceitos particulares de cada grupo.

Essa manipulação minou o processo eleitoral, demonstrando como o uso indevido de dados pode ameaçar a democracia. Portanto, é crucial reconhecer que a liberdade de expressão e a democracia dependem de uma base sólida de informações minimamente materiais e verificáveis. Há também de se pontuar que a lógica por trás das milícias digitais destaca um grande desafio: garantir que a liberdade de expressão permaneça como um direito inviolável. Não se trata de culpar a tecnologia em si pela desinformação, mas de condenar o uso malicioso das tecnologias para produzir e disseminar desinformação. Além disso, não se trata de punir quem desavisadamente repassar informações falsas sem antes verificá-las, mas de rastrear e desmantelar *bunkers* das milícias que lucram com a produção deliberada de desinformações para lucrar com alguma narrativa.

Além disso, como foi apontado anteriormente, os algoritmos utilizados pelas plataformas frequentemente promovem conteúdos sensacionalistas ou polarizadores para maximizar o engajamento, sem considerar a veracidade ou o impacto do conteúdo. Não à toa, um estudo da *Mozilla* revelou que 70% dos vídeos extremistas no *YouTube* foram recomendados pelo próprio algoritmo da plataforma[66], evidenciando como as ferramentas podem amplificar desinformações e reforçar vieses preexistentes dos usuários. Essa promoção de conteúdo enganoso não só distorce a percepção da realidade dos usuários, mas também alimenta divisões sociais e políticas, criando um ciclo de desinformação que se torna difícil de interromper.

A falta de transparência e controle sobre os parâmetros dos algoritmos utilizados pelas *Big Techs* também impede a fiscalização adequada, a qual seria essencial para garantir que essas ferramentas não estejam sendo usadas de forma prejudicial. Uma pesquisa do *Oxford Internet Institute* revelou que 87% dos anúncios políticos no *Facebook* não tinham uma origem identificada[67], dificultando a responsabilização e a transparência sobre práticas ilícitas. Sem essa transparência, os usuários não possuem sequer meios de avaliar a qualidade das informações que recebem, comprometendo a sua capacidade de tomar decisões informadas.

Em síntese, a tecnologia pode — e deve — estar a serviço da qualificação da democracia em uma sociedade conectada. Além disso, mecanismos participativos e de fiscalização devem resgatar o papel da liberdade de expressão como um instrumento de transformação da realidade, na disputa legítima das subjetividades. Pois, enquanto engenheiros do caos projetam técnicas diversas que têm ameaçado a teia democrática, a defesa da democracia exige também que se defenda a existência da realidade material como um direito. Caso contrário, quem terá direito à liberdade de expressão em um mundo em que até a realidade foi monetizada?

As *Big Techs* ameaçam a democracia[ix]

Enquanto sonhamos com um Brasil menos desigual, nos deparamos com *fake news* que saltam diariamente das redes sociais. São desde supostos "desvios de trilhões de reais" até a ameaça de que determinado grupo político promoveria um "fechamento de igrejas", além de mentiras sobre "fraudes nas urnas", "vacinas com microchips" e tantos outros absurdos que vão ganhando escala nas redes sociais. Essas narrativas colocam em segundo plano temas cruciais como a geração de emprego e renda, o direito à educação e à saúde e o combate à fome e às desigualdades socioeconômicas. Soma-se, ainda, uma visão estigmatizada e preconceituosa sobre o direito ao aborto, sobre a pauta feminista e os direitos das mulheres, sobre a descriminalização do uso de drogas, sobre os direitos das populações LGBTQIA+, sobre as problemáticas concretas causadas pelo racismo e sobre tantos outros temas também centrais, mas que são jogados criticamente em um balaio da suposta "cultura *woke*".

É o que chamam "guerras culturais", a tese que força para o centro do debate público uma discussão sobre os ditos temas "morais" e "de costumes", jogando terrorismo social em cima de discussões que deveriam ser mais sóbrias e que dizem respeito aos

[ix] Inspirado no texto autoral no Jornal da Universidade de São Paulo (USP), de 06 de dezembro de 2022.

direitos reais, de inúmeros cidadãos. Assim, as disputas narrativas não apenas desviam a atenção de questões materiais para espantalhos exagerados e preconceituosos sobre temas que deveriam ser tratados com seriedade, mas também criam um ambiente de desconfiança e medo, que impede a sociedade de até mesmo abrir diálogo para fora de sua "bolha".

Em outubro de 2020, escrevi um artigo para o Jornal da USP perguntando se "ainda sabemos o que é real em meio a tanta desinformação?". No texto, que foi incluído por quatro anos consecutivos no Caderno do Aluno das escolas da rede pública do Estado de São Paulo, fiz questão de destacar a pesquisa que mostrou que 73% dos brasileiros acreditaram em pelo menos uma notícia falsa sobre a Pandemia da COVID-19[68]. Com o avanço das chamadas *deep fakes* (vídeos manipulados e editados), a desinformação pôde se tornar ainda mais convincente e sofisticada, enganando usuários desavisados. Enquanto muitos subestimam o poder e a capilaridade da mentira, vemos que nem sempre são necessárias edições sofisticadas; pois até mesmo conteúdos verdadeiros retirados de contexto se transformam em munição para promover desinformações e teses como a das "guerras culturais", tornando ainda mais difícil a disputa da sociedade.

Con.tex.to. (sm), segundo o Dicionário Michaelis, "conjunto de circunstâncias que envolvem um fato e são imprescindíveis para o entendimento deste". Em outras palavras, a relação entre o objeto e a situação em que ele ocorre, tal como o lugar e o tempo em que ele está, o emissor e o receptor envolvidos e elementos que levam ao seu entendimento mais próximo da realidade.

Perceba, é mais fácil provar que um conteúdo é falso quando ele é explicitamente falso — inclusive o seu contexto. Por exemplo, se vemos uma montagem, ou uma notícia fabricada, basta mostrar que a imagem original é outra ou que o link citado como fonte sequer existe e, então, desmascarar a mentira. Porém, quando a subjetividade entra em cena e temos o trecho de um vídeo retirado de seu contexto, onde se vê alguém falando em alto e bom som frases absurdas, ou temos um boato circulando, omitindo informações importantes e usando um argumento de autoridade, a mentira ganha resistência, bloqueando qualquer argumento que possa desmontá-la. Cai-se para uma vala comum, como se aqueles que discordam da mentira estivessem apenas tentando "emplacar uma narrativa" contra os "supostos fatos revelados". Quem nunca viu um vídeo de uma autoridade pública dizendo algo absurdo? Porém, nem tantos tiveram acesso ao vídeo completo que pode dar contexto para tal fala polêmica.

Narrativa & desinformação

Ao longo das últimas décadas, avançaram os estudos que buscam compreender o fenômeno da desinformação. Como exemplo, Fallis (2015)[69] e Zattar (2017)[70] apontam que: 1.) Toda desinformação é uma informação, ou seja, não é a mera ausência de informação, 2.) Tal desinformação é uma informação enganosa, que leva ao equívoco; e, por fim, 3.) Esta informação enganosa tem como objetivo induzir ao erro e maliciosamente conduzir o receptor ao engano. Em resumo, a desinformação é uma informação falsa ou tirada de contexto e com o objetivo de induzir ao erro. Tal aspecto da intencionalidade é um dos principais pontos para os estudiosos da desinformação, pois ressalta a existência de redes de disseminação de desinformações com objetivos de ganhos financeiros e/ou políticos sobre a narrativa propagada.

Porém, nem toda mentira tem como base uma informação totalmente falsa. Se considerarmos o contexto, percebemos que mesmo uma informação com base na verdade também pode ser sequestrada para interesses maliciosos. Mas enquanto a mentira voa e a verdade engatinha, se um conteúdo verdadeiro é retirado de contexto ou apenas recortado, não temos como dizer que ele em si é falso. Pois o conteúdo realmente existe, só foi recortado. E sendo verdadeiro, até explicar que ele está fora de contexto, a mentira já fez vítimas.

É o que Wardle e Derakhshan (2017)50 nos ensinam ao classificarem como "*disinformation*", uma notícia tanto falsa quanto disseminada para causar danos (como memes bombásticos e manipulações visivelmente maliciosas sobre candidatos políticos durante uma eleição); "*misinformation*", uma notícia falsa, mas sem intenção de causar dano (como a disseminação desavisada de uma notícia antiga como se fosse recente); e "*malinformation*", uma notícia com base verdadeira, mas divulgada com a intenção de causar dano (como o vazamento descontextualizado de e-mails reais para expor publicamente uma pessoa que se deseja prejudicar).

No centro deste raciocínio está observarmos que a mentira é muito mais dinâmica e mutável do que uma simples notícia falsa. Um dos maiores exemplos que podemos dar luz é o próprio discurso de ódio, sendo este um conjunto de investidas baseadas em estereótipos e narrativas que, muitas vezes, utilizam informações verdadeiras, mas fora de contexto, para estimular sistemas de crenças ou preconceitos contra grupos ou indivíduos. É aquela piada, que pouco a pouco reforça estereótipos, se transforma em aversão e, quando menos se espera, surgem vítimas no mundo real. Como exemplo, segundo o levantamento do monitor "Terra de Direitos"[71], um ataque foi realizado a cada 26 horas durante as eleições de 2022. Houve ameaças, violências físicas e até assassinatos. A investida no discurso de ódio tem feito com que narrativas tomem conta de sistemas de crenças e reforcem estereótipos, os quais acabam em violência política.

Adicionalmente, podemos considerar o uso de vídeos editados para manipular emoções e percepções. Por exemplo, um vídeo real de um protesto pacífico pode ser editado para incluir sons de tumulto e violência, criando uma impressão falsa de caos e desordem. Esse tipo de manipulação visual pode influenciar fortemente a opinião pública e levar a conclusões erradas sobre a natureza dos eventos retratados. Sem contar telefonemas e gravações cortadas, ou quando uma pessoa reproduz uma aspa em tom de crítica, mas o seu vídeo ou áudio falando aquilo é usado como se ela tivesse feito aquelas afirmações. Porém, enquanto a democracia e as instituições resistem a ataques cada vez mais subjetivos e descontextualizados, até que ponto uma narrativa pode distorcer e criar uma realidade paralela?

Contexto & realidade

Democracia requer verdade, mas mais do que verdade. Democracia requer verdade em contexto. Novamente, não se trata de uma verdade idealizada, meramente positivista e absoluta, mas sim de uma representação da realidade material com uma subjetividade que não seja completamente abstrata ou baseada em teorias da conspiração. Por tabela, contexto requer interpretação e senso crítico. Em uma sociedade conectada e mediada por algoritmos, isso também implica na necessidade de letramento digital e educação crítica midiática, viabilizando que as pessoas tenham, ao menos, habilidades mínimas para interpretar fontes e compreender os interesses reais por trás dessas fontes, indo além das teorias da conspiração.

Em meio à Pandemia da COVID-19, com o uso criminoso de tais tecnologias, a disputa da sociedade, que já é repleta de desigualdades, se viu ainda mais desequilibrada. Enfraquecendo a democracia na medida em que narrativas encomendadas e operadas por profissionais se favoreceram em detrimento daquelas que não possuem tal infraestrutura de fazendas de robôs. Criam-se conflitos, ambiguidades e isso ainda se soma ao mantra de uma suposta imparcialidade política em determinados debates mais técnicos, afastando mais ainda a sociedade da discussão política. Até porque fica mais fácil manter a desinformação como prática quando um cidadão não tem acesso à discussão material e concreta da sociedade, restando apenas a abstração de teorias da conspiração resumidas a montagens polêmicas em um *Tik Tok* de um minuto e meio.

A discussão sobre soberania tecnológica é crucial quando pensamos nas estratégias necessárias para proteger a democracia e a autonomia nacional diante do domínio das *Big Techs*. Quando um país não possui controle sobre as tecnologias que regulam o fluxo de informação, ele se torna vulnerável a influências externas que podem distorcer o debate público e manipular a opinião pública em favor de interesses estrangeiros. Soberania tecnológica não se resume apenas à criação de uma infraestrutura digital nacional, mas envolve também a capacidade de regular e controlar as tecnologias de informação e comunicação de forma a garantir que elas sirvam aos interesses do povo e não de corporações internacionais. Sem essa soberania, nações inteiras podem ser transformadas em *playgrounds* para experimentos sociais e econômicos conduzidos por empresas que não têm compromisso algum com os valores democráticos locais.

O problema é que o modelo de negócio das *Big Techs* se baseia não na qualidade do conteúdo que é entregue ao usuário ou em uma informação com contexto minimamente acessível, mas sim no que mais puder viciar o cidadão para gastar o seu tempo na plataforma e, entre um conteúdo e outro, acabar assistindo a alguma publicidade impulsionada. Na dinâmica de um lucro baseado em visualizações e engajamento, o contexto é assassinado, restando cada vez mais gurus que naturalizam ensinar que para "crescer nas redes" precisa de "*click-baits*" e "conteúdos bombásticos". Dessa forma, ainda que a fachada democrática seja preservada esteticamente, um Estado de exceção é incrementalmente fortalecido, pois a realidade passa a ser desconfigurada por conflitos desiguais, onde ganha a tese não mais bem fundamentada, mas mais polêmica e sensacionalista, onde robôs criam volume para subir *hashtags* e impor pautas encomendadas.

Enfrentar a mentira é um desafio emergente, multidimensional e transdisciplinar, pois enquanto alguns insistem em desconsiderar a realidade material, esta nos cobra a conta diante de um país com desigualdades socioeconômicas tão profundas, em que se falta trabalho digno e alimento em muitos lares. Não se supera tal desafio, porém, sem aproximar a realidade dos diversos contextos e, então, ser possível dialogar com este Brasil tão desigual. Pois, enquanto um Brasil paralelo é construído na conta da distorção da realidade e com muito dinheiro envolvido, vemos que não basta haver verdade, é preciso haver verdade em contexto.

IV

Novo normal: Nunca mais estaremos *offline*

As *Big Techs* moldam uma realidade paralela[x]

Com as redes sociais repletas de notícias falsas, tem sido cada vez mais difícil decifrar o que é real em meio ao volume de mensagens que recebemos diariamente. Na margem da realidade, a inteligência artificial tem sido usada para produzir as chamadas "*deepfakes*"[72], alterando vídeos principalmente para entretenimento e humor. Mais realistas conforme avança a tecnologia, porém, as *deepfakes* também têm sido usadas maliciosamente para enganar pessoas, distorcer percepções e influenciar eleições ao redor do mundo[73].

Por exemplo, *deepfakes* foram usadas para criar vídeos falsos de candidatos durante as eleições dos EUA em 2020[74], afetando a percepção pública e embaralhando até o rito da Justiça, que não soube lidar de prontidão com a responsabilização jurídica de quem estava produzindo tais conteúdos. Já em 2023, o uso de *deepfakes* aumentou 900%, segundo estudo da *Kaspersky*[75], sendo também o ano em que a técnica ganhou espaço na Índia, onde *deepfakes* foram utilizadas para criar discursos falsos nas eleições[76], amplificando a desinformação.

Referência no uso de *deepfake* para vídeos de humor e entretenimento, o jornalista brasileiro Bruno Sartori reforça que "a população precisa saber que essa inteligência existe, da possibilidade de se falsificar um vídeo de forma bastante realista"[77]. Sartori vai além: "uma *fake news* é uma notícia contada, e

[x] Inspirado no texto autoral no Jornal da Universidade de São Paulo (USP), de 19 de outubro de 2020.

a pessoa acredita. Imagine um vídeo [falso] da própria pessoa confessando um crime, dizendo uma coisa absurda?". Se antes já era necessário desconfiar de notícias falsas, agora até os vídeos que vemos podem ter sido alterados artificialmente com o objetivo de desinformar ou aplicar um golpe.

O impacto das *deepfakes* na sociedade vai além da política, afetando também a vida pessoal e a segurança dos cidadãos. Como exemplo, em 2019, um executivo de uma empresa de energia no Reino Unido foi enganado por uma *deepfake* de voz que simulava o seu chefe, levando-o a transferir 243 mil dólares para uma conta fraudulenta[78]. Além disso, *deepfakes* têm sido usadas para criar pornografia não consensual, afetando negativamente a vida de muitas mulheres. Em 2018, uma pesquisa revelou que 96% dos vídeos de *deepfake* na internet eram de pornografia não consensual[79], com mulheres sendo vítimas de montagens sem o seu consentimento.

No campo jurídico, o uso de *deepfakes* tem complicado até mesmo investigações e processos judiciais. Peritos forenses enfrentam desafios para determinar a autenticidade de vídeos e áudios, dificultando a obtenção de provas em casos de fraude. As *deepfakes* também têm sido usadas para manipular evidências em casos de violência doméstica, criando falsos registros de abusos ou defesas. Em resposta, órgãos legais estão adotando tecnologias de verificação mais avançadas, mas ainda existe um longo caminho a percorrer para mitigar os efeitos negativos dessa tecnologia emergente.

Fato é que, se antes já era necessário desconfiar de notícias falsas que líamos, agora até os vídeos e áudios que vemos e ouvimos podem ter sido alterados artificialmente com o objetivo criminoso de nos desinformar. Porém, sejam textos, vídeos ou áudios forjados, quem ganha quando a desinformação viraliza?

Além do "tio do zap"

Longe de serem simples obras do acaso ou tão somente espontâneas, por trás de cada *fake news* existem interesses diversos de grupos organizados e articulados para impor as suas ideias e narrativas sobre a sociedade. É nessa mesma linha que o escritor Giuliano da Empoli dá o nome de "*Os Engenheiros do Caos*" (2019) à sua obra sobre como as *fake news*, as teorias da conspiração e os algoritmos estão sendo utilizados para disseminar ódio, medo e influenciar eleições. Assim, muito além do "tio do zap", configura-se uma engenharia que forja padrões para simular inclusive uma estética com memes bombásticos e artes supostamente amadoras — levando a desinformação para potenciais vítimas que se tornam, até mesmo desavisadamente, propagadores da rede de ódio e desinformação.

Contudo, é importante reforçar que a desinformação se manifesta como ação política, com o objetivo e propósito de desinformar. Assim, sendo artificialmente produzida e disseminada por profissionais, as desinformações buscam criar conexões entre histórias causais para desarticular a realidade material[80]. E, portanto, compreender que a manipulação massiva de narrativas e a dissolução da realidade são ensaios encomendados é um primeiro passo para encarar as milícias digitais como tais profissionais do crime que são.

No entanto, ainda que as milícias digitais forcem um monopólio do uso destas tecnologias, não podemos, de forma alguma, caminhar para um debate de criminalização da tecnologia em si. Pelo contrário, o crime está na forma maliciosa como tais instrumentos são usados, e a irresponsabilidade está na falta de transparência dos detentores dessas tecnologias — as *Big Techs*. Até porque, vale lembrar que o *Oxford Internet Institute* revelou que 87% dos anúncios políticos no *Facebook* não tinham uma origem publicamente identificada67, por exemplo. Sem transparência, desenvolve-se uma dinâmica semelhante à da criatura mitológica conhecida como *Hydra*, da antiga Grécia: quando uma cabeça era cortada, outras três surgiam em seu lugar e a criatura ficava ainda mais forte. Da mesma forma, ao tentar eliminar um conteúdo malicioso das redes sociais, emergem novos conteúdos, ainda mais difíceis de rastrear.

Essa situação pode ser observada em diversos exemplos. Considere o cenário das eleições, onde campanhas de desinformação são visíveis. Quando as plataformas de redes sociais conseguem remover um conteúdo falso ou desativar um perfil falso, imediatamente surgem outros perfis e conteúdos similares, espalhados por diferentes plataformas e utilizando técnicas mais avançadas de ocultação. Dessa forma, a batalha contra a desinformação torna-se uma luta incessante, pois cada ação contra uma cabeça da *Hydra* resulta no surgimento de outras várias no lugar. Outro exemplo é a remoção de grupos extremistas das redes sociais, pois, quando um grupo é banido de uma plataforma, frequentemente ressurge em outras, ou até dentro da mesma plataforma, porém com nomes novos, dificultando ainda mais a fiscalização e o combate a crimes virtuais.

Além disso, há a questão dos *bots* e das contas automatizadas. Pois quando uma rede de *bots* é descoberta e desmantelada, os responsáveis rapidamente criam novas redes, muitas vezes mais sofisticadas e capazes de escapar das ferramentas de detecção até então utilizadas. Assim, a ausência de transparência e cooperação responsável por parte das *Big Techs* facilita essa proliferação, pois sem saber exatamente quem está por trás desses ataques, a efetividade das medidas tomadas é significativamente reduzida.

Não à toa, as *Big Techs*, como *Facebook*, *Twitter* e *Google*, têm sido criticadas por sua omissão no combate à desinformação e por não enfrentarem os *bunkers* produtores de desinformação. Um relatório da *Avaaz*, em 2020, destacou que apenas 34% dos usuários brasileiros encontraram conteúdos desinformativos que contaram com alguma ação de verificação ou remoção dentro do *Facebook*[81], restando outros dois terços de usuários que nunca encontraram sequer uma verificação de conteúdos realizada pela plataforma. Além disso, investigações revelaram que essas empresas muitas vezes priorizam o engajamento e o lucro sobre a veracidade das informações, permitindo que conteúdos enganosos se proliferem em suas redes (como inclusive aponta Shoshana Zuboff, em "*A era do capitalismo de vigilância*", em 2021). Portanto, combater a desinformação não se resume a corrigir os fatos, mas também a enfrentar os produtores dessas informações falsas, que se organizam de maneira estruturada e profissional.

Inclusive, sobre tais redes, temos visto, com as ações do *Sleeping Giants*[82], como o financiamento é determinante para potencializar o alcance da desinformação — restando-nos tal brecha para desarticular o crime em seu sustento. O *Sleeping Giants*, iniciado nos EUA e posteriormente expandido para o Brasil, tem atuado de forma incisiva para cortar o financiamento de sites e páginas que propagam discursos de ódio e *fake news*. Ao expor publicamente as empresas que anunciam nesses sites, o *Sleeping Giants* as pressiona para retirarem os seus anúncios de sites desinformativos, reduzindo significativamente a receita dos disseminadores de desinformação. No Brasil, o movimento conseguiu fazer com que grandes marcas, como Itaú e Natura, retirassem seus anúncios de sites acusados de espalhar teorias da conspiração, demonstrando a eficácia dessa estratégia.

Porém, ainda que avancemos gradativamente para a responsabilização de quem pratica crimes no ambiente virtual, resta uma dúvida: como aumentar a qualidade deste ou de qualquer outro debate público se as discussões ficam cada vez mais infiltradas por um ambiente pautado pela desinformação e por usuários falsos e robôs que influenciam algoritmos e mobilizações virtuais? Pois até mesmo essa discussão sobre a necessidade de se enfrentar a desinformação tem sido instrumento de polarização e disputa narrativa. É possível saber o que é real em meio a tanta desinformação?

Uma desinfotopia

A disputa pela realidade não é novidade e faz parte de qualquer sociedade que se propõe a ser democrática. No entanto, em uma sociedade mais conectada, o diferencial está na potência, volume e velocidade com que as tecnologias podem propagar e impor narrativas. A capacidade de disseminar informações, verdadeiras ou falsas, atingiu um nível sem precedentes, permitindo que mensagens sejam amplificadas globalmente em questão de segundos. Vídeos falsificados, por exemplo, podem manipular a realidade de forma convincente, criando cenas que nunca ocorreram ou distorcendo eventos reais para se adequarem a determinadas agendas. Muitas vezes, nem é necessária uma sofisticação gráfica: basta descontextualizar informações ou criar confusão e incertezas no debate para prejudicar determinada pauta. A combinação de técnicas de edição e a velocidade das redes sociais torna a falsificação de informações um desafio para a verificação de fatos.

Com o uso criminoso dessas tecnologias, a desigualdade na disputa política se agrava ainda mais. A manipulação de informações não só distorce a percepção pública, mas também enfraquece a própria estrutura democrática ao favorecer narrativas encomendadas e operadas por profissionais. A democracia, que já enfrenta desafios significativos devido às desigualdades econômicas e sociais, torna-se ainda mais vulnerável quando a informação pode ser tão facilmente manipulada. Grupos de indivíduos e organizações têm se especializado na desinformação, tornando-a uma ferramenta poderosa e eficaz na disputa de narrativas políticas e sociais.

Nesse raciocínio, o desafio se centraliza em reduzir a influência da desinformação nos ambientes que potencializam essas narrativas, sem penalizar a legítima disputa democrática pela realidade e seus significados. E, embora a verificação de fatos seja uma ferramenta útil, está longe de ser uma solução abrangente para a característica multifacetada do problema; pois a verdadeira mudança reside na transparência e na responsabilidade das *Big Techs*, que atualmente limitam-se a cooperações superficiais com estados-nação, especialmente com os do Sul Global.

Essas empresas dominam a infraestrutura digital e detêm um poder imenso sobre a circulação de informações, mas frequentemente operam com pouca ou nenhuma supervisão. A falta de transparência na forma como algoritmos priorizam conteúdos, assim como a resistência em compartilhar dados relevantes com autoridades regulatórias, perpetua um ambiente onde a desinformação pode florescer. Portanto, é essencial que governos, especialmente dos países ditos em desenvolvimento, pressionem por maior cooperação e responsabilidade das plataformas digitais. Apenas com a imposição de regras objetivas e a exigência de maior transparência das *Big Techs* será possível mitigar o impacto da desinformação e propor que a disputa pela realidade se mantenha dentro de limites mínimos, fortalecendo — ao vez de minar — os princípios democráticos.

Além disso, para viabilizar uma disputa mais democrática da sociedade, o desafio está em aproximar pessoas reais — e não robôs — dos espaços de circulação e debate de ideias e de informações qualificadas e acessíveis. Mais ainda, pois defender o acesso à informação de qualidade depende da existência de uma democracia fortalecida e em funcionamento; na mesma medida que defender uma democracia fortalecida e em funcionamento depende do acesso às informações em disputa, sem distorções encomendadas. Assim, nem encarar os avanços tecnológicos como uma utopia otimista do determinismo tecnológico, nem criminalizá-los como uma distopia em si, mas encarar cientificamente o desafio de se combater interesses que dissolvem a realidade diariamente em benefício próprio. Até porque mais perigoso do que acreditar em notícias falsas, é chegar ao ponto de desacreditar da realidade sem mais saber o que é real.

As *Big Techs* esvaziam o papel da política[xi]

O 3º episódio da 2ª temporada de *Black Mirror* passou despercebido por muitos, talvez considerado apenas mais um capítulo no clima *cyberpunk* característico da série. No entanto, "*The Waldo Moment*" conta uma história de um urso azul computadorizado chamado "Waldo", o qual começa a ser utilizado para fazer entrevistas sarcásticas com políticos. Ainda que não sendo autômato logo de início, Waldo é dublado e capaz de dar respostas rápidas e sarcásticas *versus* candidatos humanos repletos de deslizes carnais. Conforme o episódio avança, Waldo decide entrar na corrida política, utilizando o seu carisma digital para ganhar popularidade. Sem dar muito *spoiler*, Waldo levanta importantes questões sobre o papel e o alcance das tecnologias nos espaços de decisão do poder. Assim, o episódio explora como uma figura animada, desprovida das limitações humanas, pode influenciar a política, capturando a imaginação e o apoio do público de maneiras que os candidatos tradicionais — e carnais — não parecem conseguir.

Muito além da ficção, estamos testemunhando um avanço significativo no uso de IAs no cotidiano da política e da gestão pública. Embora as IAs não estejam necessariamente substituindo as decisões humanas — assim esperamos —, elas estão cada vez mais provendo suporte às análises e decisões tomadas por humanos. Por exemplo, algoritmos de IAs podem ser utilizados para analisar grandes volumes de dados, além de identificar tendências

[xi] Inspirado no texto autoral no Jornal da Universidade de São Paulo (USP), de 29 de setembro de 2021.

e padrões que seriam imperceptíveis às análises manuais. Esse suporte pode aumentar a velocidade de processamento para decisões políticas que demandem agilidade, especialmente em situações de tragédias e urgências públicas, mas também nos levanta questões sobre a dependência dessas tecnologias e o grau de influência que elas podem exercer sobre o processo decisório. Afinal, qual é o limite do uso de IA na política? Seremos substituídos por IAs no processo decisório?

Política & tecnologia

Uma reivindicação por robôs no lugar de políticos e burocratas pode ser apresentada por várias suposições populistas. Quem sabe diriam que "evitaria-se a corrupção", ou que "promoveria-se neutralidade política nas escolhas", ou ainda que "teríamos decisões técnicas", ou até que "teria-se uma visão mais holística e simultaneamente hipersegmentada para os cidadãos". Porém, seriam tais IAs e robôs genuinamente neutros em suas decisões? Ou mesmo capazes de decisões sensíveis a direitos e garantias fundamentais? Quem ou o que pautaria o Estado e as políticas públicas?

É Langdon Winner (1986) que aponta, em "*Do Artifacts have Politics?*"[83], que tal mito de uma tecnologia "neutra" e "apolítica" já vem sendo desmontado há décadas, mas seguiu recorrente no debate político como esforço de tentar despolitizar tal tema. Dois passos teóricos, no entanto, são centrais: 1.) Compreender que é com a teoria de "determinação social da tecnologia" (Pinch & Bijker, 1984)[84] que maturamos que os "artefatos tecnológicos" são influenciados pelo seu contexto social. Isto é, conceber que a tecnologia não se desenvolve apenas como resultado de sua dinâmica interna, mas atua na sociedade de acordo com seus padrões e também é moldada pelo contexto social.

E também 2.) compreender a teoria da "política tecnológica", na qual Winner (1986)83 sugere que prestemos atenção às características das tecnologias em si e aos significados destas características, isto é, além de apenas jogar as implicações das tecnologias na conta do determinismo social — atribuindo aspectos políticos aos artefatos.

Quase quatro décadas após, no entanto, lidamos com a crescente virtualização das relações sociais e econômicas. Por um lado, um movimento internacional pela abertura de dados públicos "*Open Data*", que esbarra na corrida pela dominância de dados e pela mobilização de algoritmos a interesses privados de corporações[85]. Por outro lado, uma dominância de aplicativos que facilitam o acesso ao consumo para quem tem condições de consumir, enquanto impulsiona a uberização do trabalho para quem não só carece da condição de consumir, mas supre a condição de produzir, como aponta Ricardo Antunes. É nesse cenário, repleto de desigualdades e assimetrias, que querem nos vender a ideia de uma tecnologia supostamente neutra?

Na realidade, as tecnologias trazem consigo diversos valores, interesses e vieses fermentados pelos seus desenvolvedores e pelos seus detentores. Isso significa que as escolhas feitas durante o desenvolvimento de uma tecnologia podem influenciar profundamente o seu impacto na sociedade. Por exemplo, algoritmos de determinada IA treinados com um bancos de dados que refletem preconceitos sociais podem perpetuar tais preconceitos em seu processo decisório de classificação de usuários. Um caso bem documentado é o uso de IAs em sistemas de recrutamento de empresas, onde algoritmos treinados com dados históricos podem discriminar candidatos com base em gênero ou etnia, simplesmente porque os dados refletem padrões enviesados de contratação passados. Além disso, as diversas tecnologias de reconhecimento facial, já implementadas em sistemas de segurança pública, têm mostrado taxas de erro significativamente maiores para pessoas negras[86], em comparação com pessoas brancas, devido a desigualdades de raça e etnia já presentes nos dados utilizados para o treinamento dos modelos de IA.

No que diz respeito à estrutura social em que a tecnologia está, não seria possível uma suposta neutralidade utópica para escolhas realizadas por uma inteligência artificial, haja vista que os parâmetros que tal máquina viesse a utilizar já estariam imersos em uma sociedade que a antecede. Dessa forma, até mesmo o seu método de aprendizado ("*learning*") seria realizado em meio a caminhos contidos nessa sociedade já existente. Além do mais, o próprio formato lógico das IAs em si, de classificação de usuários (cidadãos) em formato de dados, já explicita seu viés — pois nem todas as situações são ou deveriam ser solucionadas mecanicamente por dados de cidadãos transformados em unidades binárias equivalentes.

É, portanto, na relação entre consumo, tecnologia e política que as piadas do *outsider* computadorizado, Waldo, parecem fazer tanto sentido na série para aqueles que o alavancam nas eleições; ou ainda a sedutora ideia de se substituir integralmente burocratas e representantes da sociedade por IAs. A instantaneidade na interação dos usuários (cidadãos) e a hipersegmentação de sua narrativa para com públicos diversos (oriunda da análise segmentada de dados) são impulsionadas pelo contexto de tal consumismo instantâneo, provocando a política à sua banalização, como se ela fosse mais um consumo qualquer do dia a dia — um *delivery*. Mas onde, então, entram as IAs nas etapas dos processos decisórios?

Poder & democracia

As tecnologias — quando abstratas e impalpáveis — não devem pautar unilateralmente a política e a democracia. Pelo contrário, as tecnologias — quando materiais e traduzidas à materialidade — devem servir como instrumentos para ampliar e qualificar a participação democrática. Isto é, não deve existir uma polarização entre "novas tecnologias" *versus* "política", ou mesmo colocar "técnica" como antítese de "política", uma vez que tais novas tecnologias podem e devem ser empregadas pela qualificação da política, gerando insumos para que decisões sejam tomadas mais assertivamente, com evidências. Caso contrário, qual o sentido?

Além do mais, não deve existir dicotomia entre direito individual e direito coletivo à tecnologia — aponta José Carlos Vaz, (2016)[87] —, principalmente na medida em que ganhos oriundos do acesso coletivo às tecnologias são traduzidos em avanços tecnológicos que impactam individualmente os cidadãos e vice-versa. Em suma, a sociedade ganha individual e coletivamente quando a tecnologia está à disposição dos cidadãos, mas perde quando esta tecnologia é restrita apenas a um grupo seleto, pois limita-se o potencial de avanços coletivos e a capilaridade da inovação. É neste contexto que a exclusão tecnológica também impulsiona a desigualdade econômica e social[88], seja a nível local (dentro do próprio país, com a tecnologia não sendo empregada como direito coletivo), seja a nível internacional (com submissão e servidão de dados a plataformas de *Big Techs*).

É necessário, portanto, colocar no centro da discussão da democracia a chamada "função social da tecnologia", para evitar que o seu avanço seja usado como argumento para despolitizar o debate tecnológico e transformar a participação democrática em mero procedimento burocrático ou em um consumo trivializado. No contexto de um colonialismo digital — como apontado por Renata Ávila Pinto (2018)[89] —, a redução do papel da política a um simples consumo individualizado também faz parte da agenda, que não é neutra, das *Big Techs*. Essas corporações frequentemente promovem a ideia de que a tecnologia pode resolver todos os problemas de forma técnica e apolítica, desviando a atenção das discussões essenciais sobre justiça social, direitos e equidade. Ao fazer isso, desvalorizam a importância da participação cidadã e transformam a democracia em um processo superficial, a um clique de distância — quase que como um *app* —, onde a interação política se limita a escolhas de consumo e não a uma verdadeira participação no processo decisório.

Dessa forma, as *Big Techs* criam terreno para o que é chamado de "dependência tecnológica", onde o colonialismo digital se manifesta de diversas formas. Um exemplo notório é o caso da *Microsoft*, que detém contratos para a maioria dos serviços de políticas públicas do Governo Federal brasileiro. Isso não só coloca em risco a soberania tecnológica do Brasil, mas também limita a capacidade do governo de adotar soluções mais abertas e adaptáveis, desenvolvidas no próprio país, como seriam os *softwares* livres.

E não é de hoje, pois já em 2004 a *Microsoft* tentou intimidar o Brasil após o Governo Federal[90] decidir adotar uma política de promoção do *software* livre, processando o professor Sérgio Amadeu, então presidente do Instituto Nacional de Tecnologia da Informação (ITI), e criticando abertamente a decisão soberana do Brasil de apoiar o *software* livre. Este episódio, inclusive reportado pelo *The New York Times* e destacado pelo ITI, ilustrou como a dependência de uma única empresa pode levar a tentativas de controle e influência sobre as políticas nacionais. Exatos vinte anos após, em 2024, especialistas atribuíram os efeitos de um apagão cibernético global à dependência excessiva dos sistemas operacionais da *Microsoft*, evidenciando os riscos de se confiar em soluções tecnológicas centralizadas.

A preservação da soberania tecnológica e digital é também uma questão de segurança nacional. Países que permitem que suas infraestruturas críticas sejam controladas por empresas estrangeiras colocam em risco a segurança de suas comunicações, sistemas financeiros e até mesmo sua capacidade de realizar eleições livres e justas. Quando dados sensíveis de cidadãos e instituições são armazenados em servidores controlados por empresas de outros países, a independência e a capacidade de resposta dessas nações são significativamente comprometidas. Além disso, a dependência de tecnologias estrangeiras pode levar à perda de empregos e à diminuição da competitividade econômica local, uma vez que os lucros gerados no país são exportados e a inovação interna é sufocada.

Há também de se apontar que a soberania tecnológica não é apenas uma questão de independência técnica, mas também de autonomia cultural. As tecnologias de comunicação moldam o imaginário coletivo e influenciam os valores de uma sociedade. Quando essas tecnologias são dominadas por poucas empresas com agendas culturais e políticas específicas, há o risco de que uma visão de mundo externa seja imposta, diluindo ou até substituindo as tradições, línguas e identidades locais. A resistência a essa forma de colonização digital exige não só a criação de alternativas tecnológicas locais, mas também o desenvolvimento de políticas que incentivem a produção de conteúdo que reflita e fortaleça as culturas locais.

Nesse cenário, há uma preocupante tendência de despolitização do debate tecnológico, com uma onda crescente de propostas para utilizar IAs, como o próprio "*ChatGPT*", para sistematizar discussões em audiências públicas, falas em reuniões, debates em conferências e fóruns de participação e interação da sociedade civil com o Estado brasileiro. Isso representa um perigo significativo, pois os algoritmos e parâmetros dessas IAs são treinados com modelos do Vale do Silício, o que pode enviesar todas as políticas públicas de acordo com uma perspectiva particular que não reflete a realidade brasileira.

Sem contar que os vieses — ocultos e privados — dos modelos de treinamento de IAs podem omitir determinado ponto trazido em detrimento de outro que alguma IA decida destacar. Casos inclusive já surgiram de audiências públicas sistematizadas com IAs, e há propostas para usar IAs na sistematização de leis no Senado Federal, por exemplo, como ferramenta oficial para os senadores e suas equipes não precisarem se dar ao trabalho de ler as leis inteiras. Além do cúmulo do absurdo, isso introduz um viés invisível e opaco na discussão pública, direcionando informação contida nos interesses legislativos. Logo, ao usar IAs para mediar visões de mundo no debate democrático, desloca-se a mediação de conflitos da sociedade de uma arena da disputa da política para uma nova arena altamente restrita por aspectos técnicos e supostamente neutra, mediada por IAs.

Assim sendo, por mais avançadas que sejam as novas tecnologias e a própria inteligência artificial, o processo decisório de tomada de decisão não deve deixar de ser manifestado pelo ator público humano — seja este um burocrata do Estado, um representante eleito ou a própria sociedade civil organizada —; porém, devem as novas tecnologias e as IAs trazerem maior auditabilidade e *accountability* para fiscalização do Estado, na mesma medida em que trazem insumos organizados para que a tomada de decisão humana seja mais embasada. Portanto, devemos pautar as IAs a serviço da sociedade (como instrumento e artefato pela qualificação no processo decisório); e não a sociedade conduzida pelas IAs (e por interesses ocultos de corporações moldados via algoritmos).

Em um cenário onde as *Big Techs* controlam não apenas os fluxos de informação, mas também os processos de tomada de decisão através de suas plataformas, os governos nacionais podem se encontrar cada vez mais limitados em sua capacidade de governar de acordo com os interesses de seus cidadãos. A democracia só pode funcionar plenamente quando as instituições do Estado têm a capacidade de agir independentemente de corporações estrangeiras. Isso exige um compromisso com a construção de uma infraestrutura tecnológica nacional robusta e segura, que não dependa de serviços ou plataformas controladas por interesses externos.

Em suma, as fases de mudanças tecnológicas se apresentam como momentos decisivos para ou se avançar pela democratização e bem-estar à sociedade, ou se concentrar tecnologias para o domínio de classes e interesses ocultos — neste caso, das *Big Techs*. Cabe atenção para que os rumos das novas tecnologias sirvam exatamente ao próprio povo, especialmente no que diz respeito ao uso de IA para a organização e estrutura da política e fluxo de influências sobre processos decisórios. Caso contrário, estaremos preparados para uma tecnocracia de algoritmos com interesses ocultos nos conduzindo?

V

Amanhã: Um outro mundo é possível?

As *Big Techs* usam as *Big Techs* para impedir a regulação das *Big Techs*[xii]

Em 2 de maio de 2023, eu estive em Brasília. Na verdade, estive por lá durante algum tempo. Mas foi nessa data que o Brasil esteve à beira de um avanço significativo no debate sobre transparência e sobre responsabilização das *Big Techs*. A polarização e a disseminação deliberada de mentiras alimentaram narrativas infundadas de que o então projeto de lei em discussão — o PL 2630/2020 — poderia instaurar uma "censura" na internet, com um suposto "ministério da verdade", do Governo Federal. Ao longo de semanas, pudemos visitar gabinetes, ouvir deputados e apresentar argumentos sobre a urgência da regulação das companhias. Mas quem diria que argumentos não seriam suficientes na era das narrativas e das redes sociais?

Foi exatamente em 2 de maio de 2023 — no dia previsto para a votação do PL — que a pressão implacável das *Big Techs* resultou na retirada do projeto de lei da pauta da Câmara dos Deputados. Após meses com o projeto escanteado, o então presidente da Câmara, deputado federal Arthur Lira (PP/AL), acabou por engavetar o projeto, transferindo a discussão para

---

[xii] Inspirado no texto autoral no Blog Gestão, Política & Sociedade, do Estadão, de 02 de maio de 2023.

um suposto Grupo de Trabalho que, lamentavelmente, não se reuniu uma única vez em mais de seis meses de existência. A seguir, são apresentadas reflexões originalmente rascunhadas na manhã do dia 2 de maio de 2023, poucas horas antes do clima esquentar no Congresso Nacional, quando então alguns deputados opositores ao projeto chegaram a ameaçar e até a agredir fisicamente não apenas a mim, mas também diversos colegas da sociedade civil em Brasília. E o resto, é a história como conhecemos.

Imagine uma sociedade distópica em um futuro não tão distante. Uma elite poderosa desenvolveu uma tecnologia tão avançada que passou a ser possível ler a mente das pessoas. Sabe-se sobre cada desejo e insegurança, onde se vai ou se deixa de ir e, até mesmo, é possível antecipar qualquer tentativa de tirar tal elite poderosa do poder. Quase que uma espécie de *big brother* às avessas, onde o público é vigiado pelas câmeras e um pequeno camarote dessa elite poderosa consegue assistir a cada detalhe relevante. Contudo, diante de qualquer ameaça, essa mesma tecnologia torna-se capaz de dialogar individualmente com cada cidadão existente, entregando uma narrativa personalizada de acordo com as fraquezas e as esperanças de cada um. Dessa forma, torna-se mais fácil convencer a todos de que o melhor a se fazer é deixar tudo como está e jamais voltar a questionar a tecnologia absoluta da tal elite poderosa.

Aquilo que poderia ser mais um episódio da série *The Black Mirror* tem se refletido no debate travado entre as chamadas *Big Techs* e os governos de países que ousam questionar o monopólio que tais empresas e plataformas concentram ao redor do mundo. Enquanto isso, no Brasil, em meio ao acirrado debate construído com diversos especialistas ao longo de mais de três anos e dezenas de audiências públicas sobre o projeto de lei 2630/2020, incontáveis denúncias de abuso de poder econômico por parte das *Big Techs* foram levadas ao Ministério da Justiça, levantando uma questão crucial: qual o papel do Estado diante de um monopólio de poder informacional que se dispõe a manipular até mesmo a opinião pública sobre a sua regulação?

O que realmente diz o PL 2630/2020

Com autoria do senador Alessandro Vieira (Cidadania/SE) e tendo sido relatado pelo deputado federal Orlando Silva (PCdoB/SP), o PL 2630/2020 passou por uma profunda reconfiguração em meio às dezenas de consultas públicas e centenas de especialistas ouvidos ao longo de três anos, até que se chegasse em um texto que trouxesse garantias à privacidade dos usuários, sem promover vigilantismo digital, mas também trazendo obrigações para que as *Big Techs* não fossem utilizadas como ambiente de articulação de crimes — tal como o aliciamento e a exploração infantil, por exemplo.

Ganhando o mote de "PL das *Fake News*", na verdade o texto disponibilizado entre abril e maio de 2023 não contém a palavra "*fake news*" uma única vez; e quando trata de "desinformação", fala sobre políticas públicas de educação midiática nas escolas, para ensinar crianças sobre como checar se uma informação é verdadeira ou falsa, por exemplo. Em sua versão apresentada pelo relator ao plenário da Câmara dos Deputados como proposta de "Lei Brasileira de Liberdade, Responsabilidade e Transparência na Internet", o projeto nada mais fez do que propor instituir três raciocínios principiológicos:

1. Liberdade na internet: A lei propõe não deixar dúvidas sobre os direitos de exercício da liberdade de expressão no ambiente digital, reforçando, por um lado, princípios Constitucionais como a liberdade religiosa, de culto e de opinião política, mas ressaltando, por outro lado, que a liberdade de expressão não justifica a prática de crimes — exemplo às comunidades criminosas que cooptam crianças e adolescentes para atentados em escolas, ou ainda as células neonazistas que organizam diversos ataques utilizando o Telegram para constituir grupos.

No entanto, sem a lei, vimos a liberdade de expressão e o direito à privacidade serem usados como argumento pelo próprio *Telegram* ao recusar-se de entregar os dados dos usuários envolvidos em tais crimes7 e que estavam se organizando dentro de sua rede para promover ataques, inclusive em ambiente escolar.

2. Responsabilidade na internet: A lei também propõe criar um regime de corresponsabilização das plataformas em relação aos conteúdos impulsionados por usuários, ou seja, uma vez que um conteúdo recebe investimento para aumentar o seu alcance, a plataforma se torna corresponsável pelo conteúdo caso decida mantê-lo mesmo após ser notificada sobre violação ou crime. Dessa forma, obriga-se que a plataforma tenha uma triagem mais qualificada na identificação de crimes no ambiente virtual, moderando de forma mais responsável conteúdos que violem leis. Sem a lei em vigor, porém, plataformas como o *Facebook* (*Meta*) chegaram a aprovar impulsionamentos de anúncios contendo desinformações até mesmo sobre saúde pública — colocando vidas em risco em troca de lucro advindo da publicidade gerada8.
3. Transparência na internet: Além disso, a lei propõe que as plataformas entreguem relatórios periódicos tanto deixando nítido quais parâmetros estão sendo usados para moderar e conter a prática de crimes quanto tornando transparentes os critérios utilizados pelos algoritmos para aumentar ou restringir o alcance dos usuários — na prática, trazendo condições do que podemos pensar como uma concorrência informacional mais leal. Contudo, enquanto não se tem a lei, vemos ações como *shadowbanning*, com a derrubada brusca de alcance e engajamento de usuários ao se posicionarem sobre algo que a plataforma diverge42, ou ainda a plataforma tendenciando um lado da opinião pública em detrimento de outros, com todo o seu poder de calibrar alcances, sem transparência ou prestação de contas.

Em nenhum trecho da lei apresentada no formato de relatoria em abril de 2023 existia qualquer brecha para que o Governo Federal censurasse uma publicação específica, uma vez que a moderação de conteúdos seguiria sendo das plataformas. a diferença é que estas deveriam tornar transparentes os processos e critérios para tal moderação até então oculta, equilibrando mais o ambiente para opiniões diversas, mas especialmente reforçando que a internet não é terra sem lei, devendo-se cumprir a legislação brasileira.

Quem vigia os vigilantes

Apesar de secular, foi o filme *Watchmen* que popularizou a frase "quem vigia os vigilantes?". Enquanto muitos vinculavam tal frase a contextos de Estados autoritários, a trama nos faz refletir que, mesmo aqueles vistos como lendários e acima do bem e do mal, demandam freios e contrapesos diante dos acúmulos exagerados de poder. Como a vida imita a arte, o mapeamento do Laboratório de Estudos de Internet e Mídias Sociais (NetLab/UFRJ)[91], intitulado "Guerra das Plataformas contra o PL 2630" apontou que o *Google* burlou as próprias regras de publicidade para incorporar, em seus anúncios, conteúdos explicitamente contra o PL 2630/2020. Indo além, o *Google* descumpriu o próprio protocolo e anunciou nas plataformas *Meta* contra o PL sem se rotular como anúncio sensível ou político — sendo uma regra imposta para todos os demais anunciantes. Além disso, mesmo que o *Spotify* não permita, em seu regulamento, publicidades de temas sociais ou políticos, ele circulou mensagens contrárias ao PL para milhões de usuários brasileiros nos dias anteriores à votação.

Quem acessou a *homepage* do *Google* na semana de maio de 2023, viu mensagens do próprio *Google* acusando o PL 2630/2020 de "ajudar criminosos a propagarem desinformação"[92], além de afirmar que "a qualidade da internet cairia, caso o PL fosse aprovado", chamando inclusive o projeto de "PL da Censura". Como apontou o próprio relatório do NetLab91, estas diferentes estratégias mostram o *Google* se aproveitando de sua posição de monopólio no mercado de buscas para propagar sua narrativa e influenciar negativamente a percepção dos usuários sobre o PL em prol de interesses comerciais — o que poderia configurar abuso de poder econômico.

No *YouTube*, produtores de conteúdo contra o PL 2630/2020 foram sugeridos na primeira página dos usuários. Além disso, o *YouTube* convocou todos os produtores de conteúdo, por meio de pronunciamento oficial, enviou até "correio eletrônico" em tom de convocação para os produtores de conteúdo se posicionarem contrariamente ao PL. No *Twitter*, publicações apoiando o PL foram limitadas, sem dar margem para a transparência de critérios adotados pela plataforma. Com essa série de exemplos, qualquer argumento de "algoritmos neutros" ou "ferramentas técnicas" caiu por terra, pois é a própria máquina sendo instrumentalizada para promover propaganda política. Logo, como é possível assegurar a democracia se o ambiente em que ocorre a disputa da opinião pública se demonstra cooptado por interesses econômicos e políticos das próprias plataformas? Seguimos acreditando que existe neutralidade em tecnologia?

Ao dominar tanto a infraestrutura quanto o conteúdo que circula nessas plataformas, essas empresas criam um ambiente onde qualquer tentativa de regulação externa é rapidamente neutralizada, seja através de campanhas de desinformação, *lobby* agressivo ou mesmo cooptação de influenciadores e formadores de opinião. Esse fenômeno não só perpetua o poder desmesurado dessas corporações, mas também enfraquece as instituições democráticas que deveriam funcionar como contrapesos em uma sociedade saudável. Quando as *Big Techs* conseguem moldar a opinião pública a seu favor, utilizando suas próprias plataformas para disseminar narrativas que as beneficiam, elas não estão apenas protegendo seus interesses imediatos, mas também consolidando um poder que é cada vez mais difícil de contestar ou, principalmente, de regular. Esse poder quase absoluto permite que essas empresas operem acima da lei, impondo suas próprias regras e valores sobre a sociedade, muitas vezes em detrimento do bem comum. A longo prazo, essa dinâmica pode levar a um cenário onde as instituições democráticas são meros espectadores, incapazes de exercer qualquer controle significativo sobre as forças que realmente moldam o futuro da sociedade.

Enquanto aqueles que nos vigiam acima de algoritmos pautam a nossa percepção da realidade, nos resta um desafio que parece impossível, o de disputar a narrativa com aqueles que sabem mais de nós do que nós mesmos. Porém, em meio a uma trama quase distópica daqueles que leem as mentes de todos nós, nos resta assegurar que as instituições e o Estado brasileiro tenham condições de não se tornarem reféns de narrativas encomendadas por algoritmos. Caso contrário, não será apenas a percepção da realidade que estará ameaçada, mas também a própria existência da democracia.

Por fim, a maneira mais concisa de descrever a instrumentalização política das plataformas para os seus próprios interesses é também a forma mais repetitiva de usar a palavra *Big Techs*, pois, na prática, o que temos visto é que as *Big Techs* usam as *Big Techs* para impedir a regulação das *Big Techs*.

As *Big Techs* nos guiam para uma distopia autoritária[xiii]

No universo futurista de *Los Angeles* criado por Philip K. Dick na reverenciada obra de *Blade Runner*, somos apresentados a um mundo onde a linha entre humanidade e máquina se torna cada vez mais indistinta. Tal clássico da ficção científica nos leva a questionar não apenas a existência dos "replicantes" — seres criados artificialmente —, mas também as fronteiras da própria natureza da humanidade. Do lado de cá das telas, à medida que avançamos com tecnologias, vemos nossas inovações desafiando a percepção da realidade e os limites da condição humana. Enquanto isso, as *Big Techs*, com o seu vasto poder e influência, têm papel central neste processo, aproximando a nossa realidade da distopia imaginada por Philip K. Dick.

Na trama, os replicantes são tão semelhantes aos humanos que até mesmo os "*Blade Runners*" — caçadores de replicantes — encontram dificuldade em distingui-los de humanos. A questão central da obra ressoa intensamente hoje: como discernir entre o real e o artificial em um mundo onde as inteligências artificiais se tornam cada vez mais complexas? As tecnologias avançadas desenvolvidas pelas gigantes da tecnologia criam versões da realidade que são quase indistinguíveis do mundo físico, desafiando a

[xiii] Inspirado a partir do texto em coautoria com o pesquisador e jurista Anderson Ribeiro de Freitas, no Jota (Seção Tecnologias), de 22 de outubro de 2023.

nossa capacidade de distinguir autenticidade em meio a um mar de simulações.

À medida que a ficção se funde com nossa realidade tecnológica, enfrentamos um cenário onde as IAs não apenas replicam tarefas humanas, mas também imitam emoções e pensamentos humanos. A presença de *deepfakes*, realidades virtuais e desinformações cria um ambiente onde o virtual e o real se confundem, forjando uma relação dialética com sínteses em disputa. Além disso, as tecnologias elaboradas pelas *Big Techs* frequentemente negligenciam as implicações sociais e éticas profundas, deixando a sociedade vulnerável a uma nova forma de manipulação da realidade.

Essa convergência entre a distopia de *Blade Runner* e o nosso presente tecnológico destaca um quadro inquietante. As inovações tecnológicas, longe de serem neutras, estão moldando as nossas vidas e a sociedade de maneiras profundas e muitas vezes não previstas. As *Big Techs* criam um ambiente onde a realidade e a autenticidade são constantemente fragmentadas por interesses ocultos. Em um mundo onde algoritmos podem ditar nossas interações e percepções, a reflexão sobre o impacto dessas tecnologias se torna urgente, ecoando a perturbadora visão do futuro imaginada por Philip K. Dick.

O que realmente diz o PL 2338/2023

Enquanto o mundo discute a responsabilidade ética por trás das tecnologias, o Brasil tenta avançar no que ficou conhecido como o "PL da Inteligência Artificial" (PL 2338/2023), um projeto de lei de autoria do senador Rodrigo Pacheco (PSD/MG), então presidente do Senado Federal, e relatoria do senador Eduardo Gomes (PL/TO), da oposição do então governo. Buscando estabelecer diretrizes, limites para o desenvolvimento e o uso responsável das IAs em nossa sociedade, na versão disponibilizada do projeto pela relatoria em julho de 2024, buscava-se atuar para a promoção dos direitos das pessoas, pela transparência da tecnologia e pela responsabilização do produtor em casos de danos ao usuário dessas tecnologias.

1. Direitos das pessoas: Quanto ao primeiro aspecto da legislação, a proposta aborda de maneira abrangente os direitos das pessoas em relação às decisões tomadas por sistemas de inteligência artificial. Este ponto é fundamental para garantir que todos os indivíduos afetados por essas tecnologias tenham acesso e compreensão sobre as decisões automatizadas que os impactam. A legislação assegura o direito de contestar decisões automatizadas e de solicitar correções por meio de intervenção humana, promovendo transparência e equidade. Além disso, ela trata do direito à não-discriminação, destacando a necessidade de corrigir vieses discriminatórios presentes nos algoritmos. Um exemplo nítido da importância dessa medida é o caso de um ativista que foi preso erroneamente devido a um sistema de reconhecimento facial com viés racista[93] — revelando que, sem a triagem humana e o devido processo, uma IA pode promover injustiças por vieses.
2. Transparência da tecnologia: A proposta legislativa também se preocupa em garantir a transparência dos sistemas de IA, classificando-os por níveis de risco, como "risco excessivo" e "alto risco". Sistemas considerados de risco excessivo são aqueles que reproduzem decisões com viés discriminatório ou colocam em perigo a saúde ou a vida dos usuários, e seu funcionamento não será autorizado. Já os sistemas de alto risco incluem aqueles que tomam decisões cruciais para os usuários, como a análise de crédito. Para esses, a legislação sugere a implementação de medidas rigorosas de governança, como a publicação do código-fonte, a realização de avaliações de impacto e a criação de mecanismos de prevenção de incidentes. Atualmente, vemos exemplos de robôs que utilizam IAs

agindo com viés discriminatório, como evidenciado no caso de um robô da *Microsoft* que se tornou racista em apenas um dia após o seu uso[94]; com a transparência dos vieses, ao menos é possível ter dimensão das influências existentes em cima de um processo decisório.

3. Responsabilização do produtor: Além disso, a iniciativa determina que as empresas produtoras de tecnologia sejam responsáveis civilmente por reparar danos materiais e morais causados por seus sistemas de IAs. Este princípio é crucial para assegurar que as empresas sejam responsabilizadas por quaisquer falhas ou danos resultantes de seus produtos. Um exemplo ilustrativo dessa necessidade é o caso ocorrido nos Estados Unidos, onde um trabalhador da *Tesla* sofreu ferimentos causados por um maquinário com IA, envolvido na cadeia de produção industrial[95]. A responsabilização não poderia ser empurrada para uma abstrata IA, mas sim para seu produtor e detentor, o qual assume o risco de substituir a mão de obra humana para a margem de danos de uma mediação algorítmica.

Ainda há pontos a serem discutidos no Congresso Nacional e, após, a serem definidos pelo Poder Executivo, como especialmente a identificação do órgão responsável pela supervisão e fiscalização das tecnologias que utilizam IAs. Contudo, a partir desse marco regulatório principiológico, o Estado brasileiro dá um passo inicial para apontar a necessidade de transparência algorítmica e sistemas de correção para garantir direitos fundamentais que podem ser afetados por sistemas de IAs. É importante notar que o PL 2338/2023 — assim como o já apresentado PL 2630/2020 — não dá ao Estado qualquer margem para censurar publicações ou cercear o desenvolvimento tecnológico com IAs, pois a moderação e o desenvolvimento continuam sendo responsabilidade das *Big Techs*. A diferença é que as *Big Techs* passariam a ter a obrigação de tornar os seus processos e critérios transparentes, garantindo que cumpram a legislação brasileira. Logo, não se trata de regular os conteúdos de usuários ou as tecnologias em si, mas de regular a atividade econômica das *Big Techs*, isto é, as companhias por trás dessas tecnologias.

Tecnologia para quem e para quê

À medida que nos aprofundamos no dilema apresentado por *Blade Runner*, fica evidente que a questão fundamental transcende a mera regulamentação de tecnologias; ela se estende às próprias entidades que as desenvolvem, notadamente as gigantes do setor tecnológico, as chamadas *Big Techs*. Assim como no filme, onde os replicantes eram produtos moldados por interesses corporativos, a inteligência artificial e seus algoritmos não operam em um vácuo neutro, mas são forjados por influências e agendas que merecem escrutínio. As *Big Techs* possuem o poder de moldar nossas percepções e experiências diárias, influenciando desde nossas decisões de consumo até a forma como interagimos com o mundo ao nosso redor. Essa capacidade de intervenção profunda levanta questões sobre os verdadeiros beneficiários dessas tecnologias e os potenciais riscos e prejuízos existentes para a sociedade como um todo.

Nesse contexto, o PL 2338/2023 surge como uma tentativa crucial de estabelecer diretrizes para o desenvolvimento e uso responsável das IAs em nossa sociedade. Ao garantir o direito ao acesso e à compreensão das decisões das IAs, assegurar transparência nos sistemas e categorizar os níveis de risco, o PL visa criar um ambiente mais seguro e justo para se conviver. Além disso, ao responsabilizar civilmente as empresas por danos causados por seus sistemas, promovendo uma responsabilidade pública e ética por parte das *Big Techs* no desenvolvimento tecnológico.

Enquanto navegamos pelos desafios e oportunidades de um mundo saturado de tecnologia, devemos definir limites que garantam nossa integridade como sociedade, assegurando que a linha entre o que é real e o que é simulado permaneça nítida. À medida que as fronteiras entre o humano e o artificial se esbarram, aprimorar a nossa capacidade de compreender a realidade emerge como um pilar fundamental para a preservação de nossa humanidade. Assim, essas discussões buscam não apenas regulamentar as IAs, mas também nos levar a refletir sobre o papel das *Big Techs* e o impacto de suas criações em nossas vidas, ecoando as inquietações de *Blade Runner* sobre a natureza da realidade e a essência da condição humana.

Além do mais, *Blade Runner* nos serve como um lembrete vívido de que, em última análise, devemos ser os narradores da nossa própria história, mesmo em um mundo cada vez mais repleto de tecnologia. Caso contrário, em meio à tanta disputa sobre a realidade, corremos o risco de nos tornarmos meros espelhos e replicantes das tecnologias que construímos, mas que nos moldam diariamente.

As *Big Techs* ameaçam o futuro do planeta[xiv]

É bem provável que se você afirmar em suas redes sociais que a crise climática não é *fake news*, virão comentários dizendo que "o aquecimento global é uma invenção das universidades públicas" ou que "a crise climática é uma teoria de dominação dos globalistas". No entanto, enquanto nós nos questionamos se ainda sabemos o que é real em meio a tanta desinformação, algumas pessoas parecem ter cada vez mais certeza sobre as suas próprias "versões dos fatos". Não à toa, reproduzem diariamente teorias da conspiração e impactam não apenas nas redes, mas também fora delas — elegendo até mesmo parlamentares e bancadas inteiras com posturas negacionistas. Enquanto isso, fica a questão: quem ganha com o avanço especialmente do negacionismo climático?

Entra a inocência e a consciência, os interesses não tão ocultos

Em síntese, o "negacionismo climático" é uma postura que rejeita, nega ou minimiza as evidências científicas sobre as

xiv Inspirado no texto autoral no Jornal da Universidade de São Paulo (USP), de 06 de outubro de 2023.

causas e os impactos das mudanças climáticas provocadas pela ação humana. Essa postura pode ter diversas motivações, desde ideologias que enxergam na agenda ambiental uma ameaça à liberdade individual até interesses econômicos de setores que dependem da exploração de combustíveis fósseis, por exemplo. Além disso, os "grupos negacionistas" se organizam em redes de influência e comunidades articuladas, compartilhando financiamento e divulgação, buscando criar uma falsa controvérsia sobre o consenso científico e desacreditar as fontes confiáveis de informação. Na prática, trata-se de rebater evidências científicas com "pontos de vista", como se "opiniões reveladoras de uma verdade oculta" fossem suficientes para desmontar inúmeros estudos e evidências científicas checadas globalmente.

Não tão distante, o crescimento do negacionismo climático no mundo é um fenômeno preocupante, que coloca em risco os esforços para mitigar e adaptar-se aos efeitos das mudanças climáticas. No Brasil, um levantamento do Datafolha[96] em 2019 revelou que 28% dos brasileiros apontam que as atividades humanas contribuem pouco ou nada para o aquecimento global — isto é, acreditam que as mudanças climáticas até podem existir, mas que fariam parte de um suposto ciclo solar ou de uma rotineira fase da Terra, por exemplo. Há ainda 15% de brasileiros para os quais o aquecimento global sequer existe, contando ainda com alguns que consideram que estaríamos passando por um "resfriamento planetário".

Muito além de motivações isoladas e publicações nas redes sociais, porém, pesquisadores têm debatido que o negacionismo climático não pode ser compreendido apenas como uma "falta de informação" ou "ignorância", pois "trata-se de ação planejada e estrategicamente aplicada por determinados grupos políticos"[97]. Exemplo disso foram as coalizões que se formaram contra a construção do código florestal brasileiro em 2012, onde a pauta climática era desmoralizada por grupos empresariais e agropecuários com um falso argumento de que derrubaria a soberania nacional[98].

Estudos sobre discursos e narrativas têm apontado que, de maneira geral, a lógica negacionista é construída geralmente em duas frentes (Miguel, 2022)[97], sendo com: 1.) críticas ao Painel Intergovernamental sobre Mudanças Climáticas (IPCC) vinculado à Organização das Nações Unidas (ONU); e 2.) a crença em uma suposta "nova ordem global comunista que coordena uma atividade sistemática de fraude científica com o objetivo de destruir a civilização ocidental cristã". Isto é, tem-se visto que o negacionismo é tanto mobilizado por interesses diversos, incluindo *think tanks*, políticos e setores que disputam comercialmente as agendas[99], quanto são mobilizados valores que criam uma suposta ameaça às liberdades individuais e aos valores conservadores. E, nesse ritmo, a pauta climática fica secundarizada, dando lugar a um emergente temor de uma suposta conspiração, enquanto corre o relógio do clima.

Em meio a tantos interesses, o que fazer? Talvez seja mais objetivo ilustrar o que não se deve fazer: Como exemplo, em abril de 2023, o estudo "*Youtube's Climate Denial Dollars*" (Dólares de negação do clima do *Youtube*, em tradução livre), realizado pelo CAAD (*Climate Action Against Disinformation*) e pelo CCDH (*Center for Countering Digital Hate*) apontou que o *Google* estava lucrando com anúncios veiculados em vídeos de desinformação climática no *Youtube*[100], violando o próprio compromisso de proibir publicidade programática em conteúdos sobre o tema. Novamente, em março de 2024, outro relatório do CAAD reforçou[101] que conteúdos promovendo o negacionismo climático estavam novamente sendo impulsionados pelo *YouTube*, sem moderação do *Google*.

Nem precisamos ir para a arena internacional, pois um estudo brasileiro, conduzido pelo NetLab (UFRJ)37, apontou mais de 13 mil comentários e 982 vídeos recomendados no *YouTube*, reforçando como a dinâmica dos algoritmos da plataforma estaria não apenas ampliando o alcance, mas também estimulando o engajamento para que mais usuários caíssem na narrativa anticlimática.

Longe de estar sozinho, o lucro às custas de desinformação climática não se restringiu ao *Google* e ao *YouTube*. Em 2021, o escândalo do *Facebook Papers* também apontou como a plataforma tomou a decisão consciente de manter conteúdos que promoviam negacionismo climático[102], simplesmente em troca do lucro que esses conteúdos estariam trazendo por serem polêmicos e engajarem apoiadores. Além disso, em 2022, uma pesquisa da *Global Witness* rastreou como o algoritmo do *Facebook* distribuía ativamente *fake news* sobre mudanças climáticas. À medida que a investigação se aprofundava, o *Facebook* começou a recomendar até mesmo teorias da conspiração como a "*chemtrail*", que afirma que a condensação deixada pelos aviões contém agentes químicos que controlam o clima[103].

Com o título de pior desempenho — também em um relatório do CAAD sobre a atuação das plataformas —, o "*X*", antigo "*Twitter*" teve a piora no seu desempenho após a aquisição da plataforma pelo magnata da tecnologia, Elon Musk[104], "criando incerteza sobre quais políticas estariam em vigor e quais não estariam", além disso, o X foi a única plataforma a não possuir um processo objetivo de denúncia de conteúdo prejudicial ou enganoso para revisão mais rigorosa. Em outro estudo sobre o X, a *Trends in Ecology & Evolution* apontou que, também após a aquisição de Elon Musk, a rede perdeu metade dos conteúdos informativos sobre crise climática que antes circulavam na plataforma e, dessa forma, o "êxodo de vozes climáticas e ambientalistas aconteceu depois de Musk acabar quase integralmente com a moderação de conteúdos falsos, liberando terreno para que negacionistas proliferassem na rede social"[105].

Não bastassem as plataformas mediadas por algoritmos promoverem desinformação e negacionismo climático, nos aplicativos de mensageria direta, como o *Telegram*, a plataforma passou a recomendar ativamente "canais similares" na aba de informações de um canal quando um usuário ingressava inicialmente em alguma rede desinformativa[106]. Na prática, caso você caísse em um canal sobre remédios alternativos, por exemplo, o *Telegram* poderia ativamente recomendar a você um canal sobre negacionismo climático, distribuindo acesso aberto para a desinformação avançar em uma integrada e articulada rede de teorias da conspiração.

Desde o *Google* e *Youtube*, passando pelo *Facebook* (*Meta*), *X* (antigo *Twitter*) e até o *Telegram*, só há um denominador em comum que motiva o impulsionamento consciente de conteúdos que negam a crise climática e o aquecimento global, e este denominador em comum é o lucro — lucro obtido com venda de publicidade. No "vale-tudo pelo lucro", até mesmo a integridade do planeta entra na balança, mostrando como as *Big Techs* sequer possuem compromisso com a própria existência da humanidade ou do meio ambiente.

Entre o negacionismo e o alarmismo, a realidade do presente

Sem dar voltas: Para combater a desinformação e o negacionismo climático, é preciso ir direto ao ponto e dizer em alto e bom som que a crise climática não é *fake news*. Mais do que isso, se antes achávamos que era uma questão para as futuras gerações, agora sabemos que se trata de algo do presente e que já vivemos os efeitos colaterais. Os fatos são alarmantes, pois, conforme o relatório do IPCC de 2023[107], a temperatura média global já aumentou aproximadamente 1,1°C desde a era pré-industrial e corre o risco de exceder 1,5°C na próxima década, caso as emissões de gases de efeito estufa não sejam reduzidas. Segundo a iniciativa do relógio do clima, esse cronômetro está se acirrando e podemos atingir já em 2029 um ponto irreversível na contenção das mudanças climáticas.

Na contramão do negacionismo, porém, não podemos deixar que o alarmismo nos paralise. Pois, pior do que a organização dos que apoiam o negacionismo, é a desorganização de quem tem a Ciência como norte. Não se trata de um instantâneo fim do mundo, mas, se não agirmos imediatamente, pode ser o fim do mundo tal como conhecemos hoje. Assim sendo, o objetivo deve ser criar uma sociedade que não apenas sobreviva, mas que floresça em um planeta saudável e sustentável. O que antes víamos como um filme apocalíptico, distante de todos nós, com derretimento das calotas polares, elevação do nível do mar, eventos climáticos extremos, hoje vemos com catástrofes que quase passam despercebidas como consequências do aquecimento global, exemplo de ondas de calor mais intensas, enchentes e inundações mais frequentes, secas e crises pluviométricas periódicas, ou a própria Pandemia da COVID-19, a qual tem se demonstrado consequência da devastação ambiental[108].

Um aspecto frequentemente secundarizado no debate sobre o impacto das *Big Techs* é o impacto ambiental direto de suas operações. As gigantes tecnológicas dependem de enormes *data centers* para armazenar e processar as imensas quantidades de dados que geram e utilizam. Esses *data centers*, que operam 24 horas por dia, são responsáveis por um consumo energético colossal, muitas vezes proveniente de fontes não renováveis, o que contribui significativamente para as emissões de gases de efeito estufa. Além disso, o calor gerado por essas operações requer sistemas de resfriamento intensivos, que aumentam ainda mais o consumo de energia e, consequentemente, a pegada de carbono dessas empresas. Assim, enquanto as *Big Techs* promovem narrativas de inovação e sustentabilidade, seus modelos de negócio muitas vezes contrariam esses valores, exacerbando a crise climática que fingem combater.

Além do consumo de energia, a extração de minerais necessários para a fabricação de dispositivos eletrônicos também gera um impacto ambiental e social devastador. Minerais como cobalto, lítio e terras raras, essenciais para baterias e outros componentes eletrônicos, são extraídos em condições muitas vezes insustentáveis e exploratórias. Em regiões como a África Central, onde grande parte do cobalto é extraída, as operações de mineração têm destruído ecossistemas locais, contaminado fontes de água e gerado graves consequências para a saúde das comunidades envolvidas. Essas práticas não só comprometem o meio ambiente, mas também perpetuam ciclos de pobreza e exploração, alimentando uma cadeia de produção que ignora os princípios de sustentabilidade e justiça social.

Outro problema crítico é o descarte massivo de lixo eletrônico, do qual as *Big Techs* têm uma grande parcela de responsabilidade. A obsolescência programada, um modelo de negócios que incentiva o consumo constante de novos dispositivos, resulta em uma quantidade crescente de resíduos eletrônicos, que muitas vezes não são reciclados de maneira adequada. Esse lixo eletrônico contém substâncias tóxicas, como chumbo, mercúrio e cádmio, que podem contaminar o solo e a água, causando danos irreversíveis ao meio ambiente e à saúde humana. Enquanto isso, as políticas de reciclagem e reaproveitamento de materiais ainda são insuficientes, principalmente nos países em desenvolvimento, onde parte desse lixo é descartado de forma irregular.

Portanto, qualquer discussão séria sobre a responsabilidade das *Big Techs* na crise climática deve incluir uma análise profunda de como suas operações contribuem para a degradação ambiental. Não basta as empresas promoverem iniciativas de sustentabilidade ou afirmarem seu compromisso com a redução de carbono; é fundamental que reavaliem seus modelos de produção e consumo, adotando práticas mais sustentáveis em toda a sua cadeia de valor. Isso inclui investir em energias renováveis para alimentar seus data centers, garantir a extração responsável de minerais e implementar políticas rigorosas de reciclagem e redução de resíduos. Somente assim poderemos começar a mitigar o impacto ambiental que essas corporações têm sobre o planeta, garantindo que suas operações estejam alinhadas com a urgência da crise climática.

Para evitar catástrofes, os países signatários do Acordo de Paris comprometeram-se a limitar o aquecimento global abaixo de 2°C, preferencialmente a 1,5°C, até o final deste século. Entretanto, as metas e ações anunciadas até o momento estão longe de serem suficientes, pois, de acordo com a ONU, é preciso reduzir as emissões globais em 45% até 2030 e atingir a neutralidade de carbono até 2050. Dentre outras questões, o mundo precisa parar de usar combustíveis fósseis – a principal causa da crise climática107.

Além disso, o relatório *Sustainable Development Goals Report 2020*[109] da ONU destacou que a Pandemia da COVID-19 interrompeu ou reverteu o progresso em direção aos Objetivos de Desenvolvimento Sustentável (ODS), exacerbando desigualdades, fome, pobreza e degradação ambiental. Para cumprir as metas da Agenda 2030, é imperativo que a recuperação da crise sanitária e econômica seja sustentável e inclusiva, priorizando também a proteção social, a cooperação internacional e o fortalecimento das instituições democráticas. Em síntese, para lidar com a crise climática e combater o negacionismo, devemos aumentar o engajamento da sociedade e cobrar ações dos países que assinam inúmeros acordos internacionais, mas hesitam em cumpri-los.

Além disso, temos de enfrentar a desinformação agindo mais incisivamente com sanções contra corporações que financiam disputas (des)informacionais por interesses comerciais. Mas apenas isso não basta, é preciso confrontar o modelo de negócio das *Big Techs*, que submetem a existência da humanidade a montantes de dólares rendidos em cima de cada pessoa que assiste à desinformação climática nas redes sociais. Há que se exigir que os países cumpram seus compromissos climáticos e implementem políticas eficazes, inclusive de responsabilização sobre a atuação das *Big Techs* e, então, reconhecer que a crise climática é um problema macro-sistêmico, não reduzido apenas a ações individualizadas.

Por fim, sem hesitar e, em paralelo a cobrarmos todas as mudanças macrossistêmicas necessárias, não podemos nos omitir de dizer o óbvio em todas as oportunidades que tivermos: A crise climática não é *fake news*. Caso contrário, quantos mais papéis e pactos internacionais pelo clima serão impressos e assinados pelas *Big Techs* e governos antes de derrubarmos a última árvore que nos restar?

Como enfrentar a ditadura das *Big Techs*?

Você chegou até aqui? Pelo jeito, os algoritmos deram uma trégua e você também foi bem resistente. Pois, em meio a tanta tensão e ansiedade, com conteúdos na velocidade 1.5x, 2.0x, 2.5x, é comum nem notarmos como nos transformamos em consumidores diários de intermináveis publicidades direcionadas, sendo regidos por regras que sequer temos acesso; quase como uma grande fazenda, onde até nos colocam óculos de realidade virtual por cortesia, para termos menos estresse no pasto confinado. Também é compreensível que sequer nos sobre tempo para percebermos o óbvio, bem diante de nós: as *Big Techs* já subverteram a democracia há algum tempo e gradativamente nos evidenciam que **estamos vivendo em uma IA-cracia**, sob um novo paradigma de controle social e político, em que meia dúzia de companhias sediadas majoritariamente no Vale do Silício pautam nações através da hipersegmentação de narrativas. E nessa dinâmica, arrancando um sorriso nosso a cada *playlist* personalizada que alguma plataforma criou especialmente para nós, fica nítido como nunca antes trocamos a nossa liberdade por tão pouco, onde estímulos instantâneos atrofiam a nossa esperança de que um outro mundo é possível.

Como quem paga a banda escolhe a música, a dominância de dados das *Big Techs* e a dinâmica ora vista como oligopólio e ora vista como oligopsônio revela uma tendência intrínseca do modelo a um monopólio de mercado. E, com a monetização da atenção, **as *Big Techs* estão construindo um monopólio da**

verdade, controlando e moldando a opinião pública através de algoritmos que priorizam conteúdos alinhados aos interesses particulares das plataformas. Esse monopólio da verdade desafia a pluralidade de perspectivas sobre as inúmeras verdades que disputam dialeticamente a sociedade, estas essenciais para um caminhar democrático. Como vimos, atualmente o *Google* detém 90% do mercado de buscas nos EUA17, possibilitando uma manipulação dos resultados dos usuários para favorecer as suas próprias plataformas e vendas de produtos. E, enquanto o Departamento de Justiça dos EUA processa o *Google* por prática monopolista desde 2023, vemos como essa concentração de poder permite que uma única empresa decida — unilateralmente e sem transparência — o que é relevante e o que não é para bilhões de pessoas ao redor do mundo.

Agora, de verdade, você já parou para pensar o quanto a sua vida depende das *Big Techs*? Reflita comigo: onde estão todos os seus e-mails e canais de comunicação? Onde você salvou todas as fotos daquela festa de aniversário? E as reuniões de trabalho, são feitas em qual plataforma? Sem contar a sua agenda de compromissos; e até mesmo o tal do GPS que, se você deixar com a localização ativada durante o seu dia, a plataforma gentilmente faz um especial de fim de ano com os melhores lugares que você visitou. E, mesmo com tudo isso, não parece estranho aceitarmos "termos e condições de uso" que nunca sequer lemos? Ou então entregarmos tudo para uma suposta "nuvem" — sediada em algum subsolo no Vale do Silício —, sem sequer termos o direito de saber o quê, como e porquê usam os nossos dados para refinar propagandas ideológicas? Com tamanha dominância monopolista, **as *Big Techs* infiltram os seus vieses ideológicos nas plataformas**, restringindo o alcance de conteúdos políticos contrários aos seus interesses e promovendo uma visão de mundo limitada ao que bem entenderem, como se a opinião pública e o imaginário social fossem um *delivery* que podem solicitar em um aplicativo. Dentre incontáveis exemplos, cabe retomar os 1.285 casos de censura *online*[110] documentados pelo *Human Rights Watch* que trazem um alerta sobre uma prática rotineira, com uma alta incidência de remoção de conteúdos relacionados a questões políticas e sociais que não sejam de agrado particular dos donos das *Big Techs*. Ainda assim, há quem ache razoável as plataformas pautarem uma suposta linha editorial, mas só acha isso quem também nunca teve um conteúdo ou uma conta inteira derrubada, sem nem direito de resposta.

Contudo, vimos que com grandes poderes vêm grandes responsabilidades. Seria de se esperar que os 97 milhões de euros usados pelas *Big Techs* explicitamente para bancar *lobby* e influenciar legislações em seu favor ao redor do mundo2, fossem minimamente equivalentes aos valores despendidos para enfrentar crimes nocivos e desinformações no ambiente virtual, não? Quanta inocência. Pelo contrário, transformando a desinformação em modelo de negócio, as *Big Techs* lucram com a mentira e com crimes digitais. A oportuna omissão das gigantes tecnológicas viabiliza mais e mais dinheiro, tal como os 235 milhões de dólares faturados pelas *Big Techs* em 2019 com receitas de publicidade online decorrentes de teorias da conspiração e desinformações, disseminadas sem moderação ou responsabilização — como aponta Índice Global de Desinformação (GDI)30. Em outras palavras, um ano de monetização em cima de crimes virtuais é o suficiente para bancar dois anos inteiros de lobismo para influenciar que legislações que punam crimes virtuais jamais avancem nos países. E, dessa forma, **as *Big Techs* transformam a desinformação em modelo de negócio**, lucrando com a mentira e com a tragédia, sob o custo de vidas tomadas.

E, como toda omissão também significa uma ação, é dessa forma que **as *Big Techs* impulsionam teorias da conspiração e discursos de ódio**, ampliando conteúdos prejudiciais por meio de algoritmos que priorizam o engajamento acima do bem-estar e do progresso da humanidade. Não à toa, durante a Pandemia da COVID-19, canais no *YouTube* com desinformações sobre vacinas tiveram um alcance três vezes maior do que os canais informativos[35], graças aos algoritmos de recomendação da plataforma. Assim, quem atua com divulgação científica, conteúdos pedagógicos e educativos ou simplesmente quem quer se inserir nas redes, perde espaço para um modelo de negócio que opta por privilegiar e recompensar *clickbaits*, conteúdos sensacionalistas e mentiras.

Quando vale tudo pelo lucro, infelizmente a conta vem muito alta, pois o modelo de negócio das plataformas nos exemplifica como **as *Big Techs* podem colocar vidas em risco**. Um exemplo é a ação realizada por criminosos que monetizam frascos de cloro industrial como se fosse um suposto "detox vacinal", promovendo-o falsamente como uma cura milagrosa para mais de 90 doenças e condições médicas. Diversos anúncios nas principais plataformas têm não apenas promovido o frasco de ClO_2 como suposto medicamento, mas também têm levado as *Big Techs* a lucrarem com a venda da mentira engarrafada28. Em alguns casos, a oferta é ainda mais tentadora para o usuário, com a plataforma sugerindo a combinação do frasco de dióxido de cloro com determinado infoproduto de algum *coach*, criando um combo ainda mais corrosivo.

Ainda assim, é possível que alguém pense genuinamente que tudo isso ocorra porque as *Big Techs* defendem a liberdade de expressão até mesmo daqueles que possuem "opiniões controversas" de "verdades alternativas" e "versões dos fatos ocultadas". Antes fosse, pois então bastaria fazermos um debate principiológico sobre quais rumos morais e éticos tomaríamos no ambiente digital. Contudo, enquanto a omissão sobre crimes traz lucro para as *Big Techs*, outros temas que não as agradam politicamente são boicotados sem qualquer direito de resposta. Forma-se uma dualidade entre vista grossa em relação ao que traz lucro *versus* arbitrariedade sobre o que desagrada politicamente quem detém a plataforma. Dessa forma, **as *Big Techs* ameaçam a liberdade de expressão** ao aplicarem censuras arbitrárias e sem transparência, limitando a capacidade dos usuários de se expressarem tendo dimensão dos parâmetros e algoritmos que influenciam o alcance de suas vozes. Até por isso, testes conduzidos no *Twitter* revelaram que a plataforma trazia mais engajamento para fotos de pessoas brancas do que de pessoas negras43; sem contar que o uso de palavras de desagrado das plataformas tem levado os algoritmos a derrubarem o alcance de publicações[24].

Com a liberdade de expressão ameaçada pela própria arena onde o debate ocorre — sem regras disponíveis ou transparência qualquer sobre os vieses existentes —, não há democracia que resista, não? Até porque, democracia requer burocracia — no sentido de regras nítidas e normas minimamente evidentes — para que não exista informação privilegiada que beneficie um candidato em detrimento de outro, por exemplo. Contudo, tamanha é a influência do império das *Big Techs* na política, que a investigação sobre a *Cambridge Analytica* nos revelou o assustador volume de 87 milhões de usuários do *Facebook* que tiveram os seus dados explorados irregularmente para influenciar eleições ao redor do mundo e propagandear ideologias65. E com esse conjunto de influências, **as *Big Techs* ameaçam a democracia**, pois podem não apenas manipular a opinião pública, mas influenciar com que grupos políticos se elejam para protegê-las de fiscalizações e marcos regulatórios, formando bancadas inteiras que sustentam a impunidade das companhias.

E quer saber? Se está cada vez mais difícil saber o que é real em meio a tanta desinformação, não podemos deixar de retomar a explosão de "infodemia", onde a sobrecarga informacional nos satura tanto, mas tanto, que corremos o risco não apenas de cairmos em uma *fake news* pensando ser verdadeira, mas também o risco de nos depararmos com algo que é real e logo pensarmos ser mentira, criando uma teoria alternativa para os fatos e nos levando a duvidar da realidade. E assim, a disputa que já é desequilibrada e repleta de desigualdades socioeconômicas, é também afetada abruptamente por uma agenda que impõe um "Brasil paralelo", com narrativas revisionistas que nos fazem questionar até mesmo as nossas origens e histórias de formação. Enquanto **as *Big Techs* moldam uma realidade paralela** ao lucrarem com teorias da conspiração que corroem diariamente a nossa percepção da realidade, o *Oxford Internet Institute* revelou que 87% dos anúncios políticos no *Facebook* não tinham uma origem claramente identificada67, inviabilizando até mesmo a transparência para apuração de casos em que a manipulação da realidade não é tão inocente assim.

Pense comigo: imagine que você descobriu uma doença gravíssima em alguém que você ama e que o tratamento para essa doença precisa de um valor muito alto para cobrir tudo. Em meio à angústia, você vai até o banco para solicitar um empréstimo. Após uma série de demissões em massa, o gerente do banco foi substituído por uma IA, a qual irá decidir se você poderá ter acesso ao crédito ou não. Acontece que essa IA nada mais faz do que olhar para o histórico de pessoas com características parecidas com as suas — como a cor da sua pele, a cor dos seus olhos, se seus cabelos são lisos ou crespos, o seu gênero, o seu estado civil, a sua escolaridade e muito mais. Com esses dados em mãos, a IA realiza então uma espécie de média ponderada com o seu perfilamento para supor se você seria um bom pagador ou não. Você não tem acesso aos parâmetros e valores do que pesa mais nesse cálculo. Ignora-se toda a sua individualidade, o seu compromisso com a melhora de saúde de quem você ama e lhe reduz a um valor binário fruto do acaso dos cálculos realizados pela IA naquela determinada rodada — uma espécie de roleta russa, mas com algum risco de alucinação dessa IA. Há de se refletir que, se no setor bancário, deixar uma IA para tomar decisões difíceis já levaria a potenciais riscos dessa natureza, substituir a condução das políticas públicas e do Estado por algoritmos com vieses seria exponencialmente mais grave. Enquanto **as *Big Techs* esvaziam o papel da política** e tentam deslocar a mediação de conflitos de uma arena pública da democracia para uma arena privada dos algoritmos, não podemos esquecer que as taxas de erro de IAs são significativamente maiores para classificação de pessoas negras86, em comparação com pessoas brancas, devido a desigualdades de raça presentes nos dados de treinamento dos modelos — levando a casos como do ativista que foi preso erroneamente devido a um sistema de reconhecimento facial com viés racista[93].

Se já sabemos que os algoritmos conseguem engajar quem desinforma, não é difícil supor que essa dinâmica também pode facilitar a eleição de bancadas inteiras favoráveis a deixar tudo como está, sem qualquer regramento transparente para democratizar o ambiente digital. Nesse raciocínio, fica até mais plausível compreender como países do sul global têm tido tanta dificuldade em aprovar regulações que levem as plataformas a minimamente apresentarem relatórios de transparência de ações e medidas tomadas. Mas não acaba aí: as *Big Techs* têm reproduzido a postura mimada de alguém que, ao perceber que está perdendo a partida de *Monopoly*, bate na mesa e diz "o tabuleiro é meu e quem decide quem ganha sou eu!". Durante a votação do projeto de lei 2630/2020 — o qual regulamentaria minimamente para que as plataformas tivessem transparência —, vimos o *Google* descumprindo o próprio protocolo91 e anunciando nas plataformas da *Meta* contra o PL sem se rotular como anúncio sensível ou político, além do *Google* também colocar na própria página de buscas uma convocação contra o que chamou de "PL da Censura"92. Vimos também o *YouTube* convocar todos os produtores de conteúdo, por meio de pronunciamento oficial, além da circulação de anúncios nos intervalos de músicas do *Spotify* contra o projeto de lei91 para causar pânico social e a censura de publicações no *Twitter* que apoiassem o projeto de lei. Da forma mais redundante possível, mas também da forma mais sincera, o que tem ocorrido é que **as *Big Techs* usam as *Big Techs* para impedir a regulação das *Big Techs***, influenciando a opinião pública ao burlar as próprias regras internas e fazendo legiões de pessoas se posicionarem contra um projeto de lei que nunca sequer leram e que as beneficiaria.

Com tanta influência da mão invisível dos algoritmos sobre nossas vidas, somos realmente os protagonistas de nossas histórias ou apenas ecoamos os *scripts* desenhados por meia dúzia de companhias? Imagine as distintas emoções que apenas dois minutos podem conter: "neste *reels* você vai sorrir; neste outro *reels* você vai se impressionar; agora é a vez do *reels* que vai fazer você se sentir carente; e chegou a hora da publicidade com um curso *coach* de autoajuda". Mesmo com avanços propostos pelo projeto de lei 2338/2023, que estimula uma legislação brasileira sobre IAs, ainda enfrentamos manipulações em que discernir o autêntico se torna um desafio: diversas fraudes bancárias, *deepfakes* usadas para golpes, e graves acidentes com humanos, como o ocorrido na *General Motors*, onde a modificação de um equipamento com IA inviabilizou uma adequada segurança do trabalho95. Enquanto os vieses operam sobre nós, é comum que alguns pareçam menos preocupados, pois quem primeiro sofre com o colonialismo digital e a dependência tecnológica é quem já é vitimado por outras desigualdades socioeconômicas. Seja o trabalhador *uberizado*, punido diariamente por um algoritmo indecifrável em jornadas extenuantes de até 8, 10, 12 horas; seja o jovem negro preso erroneamente devido a um sistema de reconhecimento facial com viés racista[93], no caso isolado número 10.000, em paralelo a um robô da *Microsoft* que se tornou racista em apenas um dia de uso94. Com tamanho caos sobre as vidas de quem mais está na margem, é visível como **as *Big Techs* nos guiam para uma distopia autoritária**, onde a otimização dos algoritmos toma o lugar da saúde da democracia.

Ainda assim, se nada disso assusta, é preciso dizer em alto e bom som que **as *Big Techs* ameaçam o futuro do planeta**. Ao promoverem e lucrarem com o negacionismo climático e outras formas de desinformação, as plataformas vão na contramão dos esforços globais para enfrentar o maior desafio do século. Desde o *Google* e *Youtube*, passando pelo *Facebook* (*Meta*), *X* (antigo *Twitter*) e até o *Telegram*, só há um denominador comum que motiva o impulsionamento de conteúdos que negam a crise climática: o lucro. Como vimos, diversos estudos apontam para o quanto desinformação climática é lucrativa para as plataformas. Em um dos levantamentos, vimos como o *Google* lucrou com anúncios em vídeos de desinformação climática no *YouTube*100, violando seu compromisso de proibir publicidade programática nesses conteúdos. Também vimos a *Meta*, com a plataforma *Facebook* envolvida em escândalos que evidenciaram que, mesmo após notificação, decidiu manter conteúdos sobre negacionismo climático visando o lucro102. E, após a aquisição do *Twitter* por Elon Musk, a plataforma não apenas perdeu metade dos conteúdos informativos sobre crise climática105, mas permitiu que negacionistas proliferassem teorias da conspiração104. Já no *Telegram*, usuários têm recebido recomendação de canais desinformativos sobre clima106. É preciso reconhecer que as *Big Techs* não só lucram com o negacionismo climático, mas também têm um impacto ambiental devastador. Seus *data centers* consomem enormes quantidades de energia, muitas vezes de fontes não renováveis, e a extração de minerais essenciais para seus dispositivos destrói ecossistemas e perpetua a exploração. Além disso, o descarte inadequado de lixo eletrônico agrava a crise ambiental. Portanto, qualquer discussão sobre a responsabilidade dessas empresas na crise climática deve incluir uma reavaliação de seus modelos de produção e consumo, exigindo práticas mais sustentáveis para mitigar seu impacto no planeta. No "vale-tudo pelo lucro", até a integridade do planeta está em jogo, mostrando a falta de compromisso das *Big Techs* não apenas com a humanidade, mas também com a possibilidade de um presente.

À medida que percorremos o livro, ficou evidente que estamos lidando com uma força sem precedentes na história da humanidade, já enraizada desde o passado, cotidiana no presente e que ameaça o nosso futuro. Há quem inclusive passe de uma discussão de colonialismo digital e constitua a ideia de um novo tecnofeudalismo, em que as *Big Techs* subvertem inclusive a dinâmica socioeconômica. Portanto, para enfrentar a ditadura das *Big Techs*, este livro propõe três eixos, os quais passam desde o resgate da democracia perdida até a resistência que deve ser mobilizada no presente e a construção de um futuro em que exista a democracia:

1. Resgatar a democracia que já nos foi sequestrada em algum momento do passado recente pelas *Big Techs*, viabilizando parâmetros mínimos por uma soberania tecnológica nacional

Para reconquistar a democracia que já foi sequestrada pelas *Big Techs*, precisamos de uma soberania que proteja nossa autonomia como nação. Isso passa por nacionalizar infraestruturas críticas e desenvolver tecnologias próprias, garantindo que nossos dados estejam sob controle nacional e sob a democracia. Inclusive vimos exemplos de como a concentração de poder nas mãos de meia dúzia de corporações transformou o cenário tecnológico em um campo de batalha onde o lucro está acima da vida das pessoas. A nacionalização de infraestruturas digitais, como *data centers* e redes de comunicação, é apenas o começo. Devemos também incentivar o desenvolvimento de tecnologias próprias, como sistemas a serem implementados em políticas públicas, armazenamento de dados públicos, além de aplicativos de comunicação de interesse nacional, promovendo uma cultura de *softwares* livres que reflitam nossos valores democráticos e sociais. Dessa forma, é crucial entender que, sem soberania nacional sobre a nossa tecnologia, continuaremos reféns de interesses corporativos estrangeiros, que moldam nossas políticas públicas conforme as suas agendas. Precisamos, urgentemente, de um marco regulatório robusto que impeça monopólios digitais, promova a independência tecnológica e assegure que os rumos da nossa sociedade não sejam determinados por algoritmos nada neutros. Mais do que um detalhe, essa discussão é vital para a nossa democracia, pois o resgate da nossa soberania tecnológica é, em última instância, o resgate da nossa própria autonomia e liberdade enquanto nação.

2. Mobilizar a resistência desde já — no presente —, fortalecendo a sociedade e promovendo educação crítica midiática, além de mecanismos de enfrentamento à desinformação

A resistência ao poder das *Big Techs* não pode esperar; deve começar agora, com uma sociedade que seja cada vez mais exposta aos absurdos que tais companhias praticam sobre nós. Neste livro, destacamos como a hipersegmentação e os algoritmos criam bolhas diversas, perpetuando a desinformação, a polarização e dificultando o diálogo democrático. Para enfrentar isso, precisamos de uma educação crítica midiática que capacite as pessoas a questionar e resistir a essas manipulações, ensinando desde práticas seguras de navegação até a compreensão dos impactos sociopolíticos das tecnologias que usamos todos os dias. Obviamente, as desigualdades sociais limitam o alcance desse tipo de ação, mas é preciso popularizar esse debate, envolvendo territórios marginalizados no centro do desafio de enfrentamento à desinformação, pois é lá que a corda aperta. A educação é o alicerce para a resistência, mas não é suficiente por si só. Movimentos sociais precisam se organizar, utilizando estratégias de enfrentamento que vão desde o boicote a medidas abusivas das *Big Techs*, até campanhas de conscientização, passando pela criação de mecanismos que promovam debates transparentes e inclusivos. A luta contra a desinformação é uma guerra que precisa ser travada em múltiplas frentes, com ações coordenadas que envolvam desde o monitoramento ativo de conteúdos nocivos até a promoção de narrativas qualificadas e educativas. A sociedade mobilizada é uma das barreiras mais necessárias contra a opressão digital, permitindo que a tecnologia seja uma ferramenta de emancipação e não de controle e vigilantismo. Isso exige um esforço contínuo, onde cada indivíduo e cada grupo assume a missão de mobilizar os seus pares, criando uma rede de resistência que possa enfrentar o poder das *Big Techs*, especialmente no longo prazo.

3. Garantir transparência e governança algorítmica democrática, possibilitando que exista um futuro minimamente viável para a humanidade e para o planeta

Para assegurar um futuro viável, é essencial que os algoritmos que moldam nossas vidas operem sob regras objetivas e sejam submetidos à governança democrática. Como discutido ao longo do livro, a opacidade com que esses sistemas operam permite abusos de poder que ameaçam tanto a democracia quanto o meio ambiente. Precisamos de legislação que não só exija transparência algorítmica, mas que imponha auditorias públicas regulares e responsabilize as *Big Techs* por qualquer dano que seja causado. A criação de conselhos de governança, com a participação de especialistas, sociedade civil e movimentos sociais, é fundamental para garantir que essas tecnologias estejam alinhadas com os interesses coletivos e não apenas com as metas de lucro. Não se trata de um "Ministério da Verdade", mas da materialização do pacto social que funda a nossa democracia tão jovem. Dessa forma, a legislação deve ser robusta o suficiente para prever punições aos que lucram com crimes, sendo proporcionais ao impacto econômico dessas corporações, para que sintam o peso da responsabilidade. Não podemos permitir que algoritmos que priorizam o lucro acima da vida determinem o nosso futuro. A governança algorítmica democrática é um imperativo para garantir que as decisões tecnológicas sejam tomadas com transparência e responsabilidade, assegurando que o progresso tecnológico esteja a serviço da humanidade e do planeta, e não de um grupo seleto de corporações.

À medida que encerramos essa reflexão sobre o domínio das *Big Techs* e seus impactos em nossa sociedade, é fundamental reconhecer que as escolhas que fizermos hoje determinarão o futuro que construiremos. A batalha contra a concentração de poder, a manipulação algorítmica e a erosão da democracia exige não apenas consciência, mas ação coordenada e decidida. É imperativo que governos, organizações e indivíduos se unam para resgatar a soberania tecnológica, mobilizar a resistência no presente e garantir um futuro onde a tecnologia esteja a serviço da humanidade e não de interesses corporativos. Nossa tarefa não é fácil, mas é inadiável. A ditadura das *Big Techs* não é apenas uma ameaça distante; é uma realidade que já nos cerca, moldando nossas vidas, nossas escolhas e até nossos sonhos. Enfrentá-la requer coragem, visão e um compromisso inabalável com a construção de um mundo mais justo, onde a tecnologia seja um instrumento de emancipação e não de opressão.

Por fim, é preciso agir imediatamente, antes mesmo de fechar este livro. Inclusive, antes que o *feed* infinito daquela rede social sequestre a sua atenção, transformando o que parece ser apenas um vídeo inocente sobre gatos em uma espiral de mais 10, 20, 50 ou 100 cliques. Até porque, é "só mais um vídeo", não? E, de vídeo em vídeo, as nossas vidas seguem sendo monetizadas.

Notas de fim

[1] Poder360, *Big Techs* batem recorde em 2023 com lucro de US$ 327 bilhões: https://www.poder360.com.br/poder-economia/economia/big-techs-batem-recorde-em-2023-com-lucro-de-us-327-bilhoes/

[2] ABAP, Com investimento anual de R$ 600 milhões, *lobby* das *Big Techs* já é o mais poderoso da Europa, mostra estudo: https://www.abap.com.br/com-investimento-anual-de-r-600-milhoes-lobby-das-big-techs-ja-e-o-mais-poderoso-da-europa-mostra-estudo/

[3] Pew Research Center, Americans' views of technology companies: https://www.pewresearch.org/internet/2024/04/29/americans-views-of-technology-companies-2/

[4] ACM Digital Library, The politics of digital technologies: Reimagining social participation in the digital age: https://dl.acm.org/doi/10.1145/3614321.3614352

[5] The Science Survey, The problems of internet privacy and big tech companies: https://thesciencesurvey.com/news/2023/02/28/the-problems-of-internet-privacy-and-big-tech-companies/

[6] NetLab, A guerra das plataformas contra o PL 2630: https://www.netlab.eco.br/post/a-guerra-das-plataformas-contra-o-pl-2630

[7] G1, Telegram não entrega dados completos à PF sobre neonazistas, e Justiça determina suspensão da plataforma no país: https://g1.globo.com/politica/noticia/2023/04/26/telegram-nao-entrega-dados-completos-a-pf-sobre-neonazistas-e-justica-determina-suspensao-da-plataforma-no-pais.ghtml

[8] The Intercept Brasil, Facebook lucrou com anúncio do Brasil Paralelo que associa Simone de Beauvoir à pedofilia: https://www.intercept.com.br/2021/12/18/facebook-lucrou-anuncio-brasil-paralelo-associa-simone-de-beauvoir-a-pedofilia/

[9] Brookings Institution, Big tech threats: Making sense of the backlash against online platforms: https://www.brookings.edu/articles/big-tech-threats-making-sense-of-the-backlash-against-online-platforms/

[10] TechMagnate, Instagram vs Facebook vs Twitter vs Snapchat: Which is better for business marketing?: https://www.techmagnate.com/blog/instagram-vs-facebook-vs-twitter-vs-snapchat-which-better-business-marketing/

[11] G1, Pesquisa mostra que brasileiros passam 9h por dia ao celular ou em outros aparelhos eletrônicos: https://g1.globo.com/hora1/noticia/2023/08/25/pesquisa-mostra-que-brasileiros-passam-9h-por-dia-ao-celular-ou-em-outros-aparelhos-eletronicos.ghtml

[12] Investopedia, How Facebook, Twitter, and social media make money: https://www.investopedia.com/stock-analysis/032114/how-facebook-twitter-social-media-make-money-you-twtr-lnkd-fb-goog.aspx

[13] World Economic Forum, Social media's impact on the planet: https://www.weforum.org/agenda/2020/09/social-media-planets-facebook-twitter-tiktok-youtube-instagram/

[14] G1, Amazon recebe multa recorde de 746 milhões de euros na União Europeia por questões de privacidade: https://g1.globo.com/economia/tecnologia/noticia/2021/07/30/amazon-recebe-multa-recorde-de-746-milhoes-de-euros-na-uniao-europeia-por-questoes-de-privacidade.ghtml

[15] Gizmodo Brasil, Amazon acusada de usar dados de marketplace para criar produtos concorrentes: https://gizmodo.uol.com.br/amazon-acusada-dados-marketplace-criar-produtos-concorrentes/

[16] G1, Processo dos EUA contra Google por monopólio de buscador: https://g1.globo.com/tecnologia/noticia/2023/09/12/processo-dos-eua-contra-google-por-monopolio-buscador.ghtml

[17] Estadão, Google é processado novamente por monopólio de publicidade nos EUA: https://www.estadao.com.br/link/empresas/google-e-processado-novamente-por-monopolio-de-publicidade-nos-eua/

[18] JSTOR, Do Artifacts Have Politics?: https://www.jstor.org/stable/20024652

[19] Olhar Digital, Google coleta localização de usuários sem consentimento: https://olhardigital.com.br/2023/01/02/seguranca/google-coleta-localizacao-de-usuarios-sem-consentimento/

[20] The New Arab, Beyond shadowbanning: Facebook and Insta posts won't save Gaza: https://www.newarab.com/opinion/beyond-shadowbanning-facebook-insta-posts-wont-save-gaza

[21] Meta, Atualização de nossa abordagem sobre conteúdo político no Instagram e no Threads: https://about.fb.com/br/news/2024/02/atualizacao-de-nossa-abordagem-sobre-conteudo-politico-no-instagram-e-no-threads/

[22] Desinformante, Shadowban: A censura de leve que está codificando a conversa no Instagram: https://desinformante.com.br/instagram-conteudo-politico/

[23] YouTube, Meta limita distribuição de conteúdo político no Instagram e Facebook: https://www.youtube.com/watch?v=lD3dLEW4Rd4

[24] Mídia Ninja, Um papo descomplicado sobre algoritmos de redes sociais: https://midianinja.org/marianesantana/um-papo-descomplicado-sobre-algoritmos-de-redes-sociais/

[25] Folha de S.Paulo, Entenda o racismo algorítmico que também atinge negros fora das redes: https://www1.folha.uol.com.br/tec/2022/10/entenda-o-racismo-algoritmico-que-tambem-atinge-negros-fora-das-redes.shtml

[26] SpringerLink, Algorithmic Censorship by Social Platforms: Power and Resistance: https://link.springer.com/article/10.1007/s13347-020-00429-0

[27] The Crimson, Social Media Restriction: Instagram and Meta's Stance on Political Content: https://www.thecrimson.com/article/2024/3/28/social-media-restriction-instagram -meta-restriction-politics/

[28] AGU, AGU pede remoção de canais que vendem certificados de vacinação no Telegram: https://www.gov.br/agu/pt-br/comunicacao/noticias/agu-pede-remocao-de-canais-que-vendem-certificados-de-vacinacao -no-telegram

[29] Agência Brasil, Senacon notifica sites de e-commerce por venda de dióxido de cloro: https://agenciabrasil.ebc.com.br/saude/noticia/2024-04/senacon-notifica-sites-de-e-commerce-por-venda-de-dioxido-de-cloro

[30] Conjur, Desinformação fatura US$ 235 milhões em publicidade, aponta pesquisa: https://www.conjur.com.br/2019-out-06/desinformacao-fatura-us-235-milhoes-publicidade-pesquisa/

[31] GloboNews, Documentos mostram que Facebook ignorou fake news por lucro: https://g1.globo.com/globonews/estudio-i/video/documentos-mostram-que-facebook-ignorou-fake-news-por-lucro-9979464.ghtml

[32] The Register, Twitter, aka X, tops charts for misinformation, EU official says: https://www.theregister.com/2023/09/26/twitter_eu_disinformation/

[33] TTB, Algoritmos e sua influência na sociedade: https://www.ttb.org.br/algortimos

[34] SpringerLink, Social media platforms' responses to COVID-19-related mis- and disinformation: the insufficiency of self-governance: https://link.springer.com/article/10.1007/s10997-023-09694-5

[35] Folha de S.Paulo, Canais de fake news sobre Covid-19 no YouTube são vistos quase 3 vezes mais que os de dados reais: https://www1.folha.uol.com.br/equilibrioesaude/2020/05/canais-de-fake-news-sobre-covid-19-no-youtube-sao-vistos-quase-3-vezes-mais-que-os-de-dados-reais.shtml

[36] Gizmodo Brasil, YouTube vai parar de destacar teorias da conspiração: https://gizmodo.uol.com.br/youtube-parar-destaque-teorias-conspiracao/

[37] Agência Pública, Algoritmo do YouTube ajuda Brasil Paralelo a radicalizar brasileiros sobre crise climática: https://apublica.org/2023/10/algoritmo-do-youtube-ajuda-brasil-paralelo-a-radicalizar-brasileiros-sobre-crise-climatica/

[38] UFMG, Forte influência do YouTube na política brasileira é confirmada por pesquisa da UFMG: https://ufmg.br/comunicacao/assessoria-de-imprensa/release/forte-influencia-do-youtube-na-politica-brasileira-e-confirmada-por-pesquisa-da-ufmg

[39] Forbes, Brasil é o terceiro país com mais usuários do YouTube em 2023: https://forbes.com.br/forbes-tech/2023/05/brasil-e-o-terceiro-pais-com-mais-usuarios-do-youtube-em-2023/

[40] Piauí, O algoritmo da agora: https://piaui.folha.uol.com.br/materia/o-algoritmo-da-agora/

[41] CSIS, No One is Immune: The Spread of Q-anon Through Social Media and the Pandemic: https://www.csis.org/blogs/strategic-technologies-blog/no-one-immune-spread-q-anon-through-social-media-and-pandemic

[42] Desinformante, Shadowban: A censura de leve que está codificando a conversa no Instagram: https://desinformante.com.br/shadowban-a-censura-de-leve-que-esta-codificando -a-conversa-no-instagram/

[43] UOL, Twitter detalha como seu algoritmo privilegia pessoas brancas em fotos: https://www.uol.com.br/tilt/noticias/redacao/2021/05/20/twitter-detalha-como-seu-algoritmo-privilegia-pessoas-brancas-em-fotos.htm

[44] Lavits, Racismo Algorítmico em Plataformas Digitais: microagressões e discriminação em código: https://lavits.org/wp-content/uploads/2019/12/Silva-2019-LAVITSS.pdf

[45] UNIFOR, Pesquisa em parceria entre Unifor e UFMG identifica viés algoritmo em assistentes inteligentes de voz: https://unifor.br/web/pesquisa-inovacao/-/pesquisa-desenvolvida-entre-unifor-e-ufmg-identifica-discriminacao-algoritmica-em-assistentes-inteligentes-de-voz

[46] Britannica, Belisarius: https://www.britannica.com/biography/Belisarius

[47] Britannica, Dreyfus affair: https://www.britannica.com/event/Dreyfus-affair

[48] Britannica, Goebbels: https://www.britannica.com/biography/Joseph-Goebbels

[49] Science, The spread of true and false news online: https://www.science.org/doi/10.1126/science.aap9559

[50] Council of Europe, Information Disorder: Toward an interdisciplinary framework for research and policy making: https://edoc.coe.int/en/media/7495-information-disorder-toward-an-interdisciplinary-framework-for-research-and-policy-making.html

[51] G1, EUA registram mais de mil casos de sarampo no pior surto desde 1992: https://g1.globo.com/bemestar/noticia/2019/06/10/eua-registram-mais-de-mil-casos-de-sarampo-no-pior-surto-desde-1992.ghtml

[52] Office for National Statistics, Coronavirus and vaccine hesitancy, Great Britain: https://www.ons.gov.uk/peoplepopulationandcommunity/healthandsocialcare/healthandwellbeing/bulletins/coronavirusandvaccinehesitancy greatbritain/9august2021

[53] Estado de Minas, Efeitos adversos à cloroquina disparam 558% e mortes são registradas: https://www.em.com.br/app/noticia/bem-viver/2021/04/05/interna_bem_viver,1253798/efeitos-adversos-a-cloroquina-disparam-558-e-mortes-sao-registradas.shtml

[54] IstoÉ Dinheiro, Saúde prevê gastar R$ 250 milhões para pôr 'kit Covid' em farmácias populares: https://www.istoedinheiro.com.br/saude-preve-gastar-r-250-milhoes-para -por-kit-covid-em-farmacias-populares/

[55] Nexo Jornal, Qual a cronologia científica da cloroquina na pandemia: https://www.nexo jornal.com.br/ expresso/2021 /05/24/ Qual-a-cronologia -cient %C3%AD fica-da-cloroquina -na-pandemia

[56] Agência Pública, O mapa da cloroquina: como governo Bolsonaro enviou 28 milhões de comprimidos para todo o Brasil: https://apublica.org/2021/03/ o-mapa-da-cloroquina-como-governo -bolsonaro-enviou-28-milhoes -de-comprimidos-para -todo-o-brasil/

[57] Revista Questão de Ciência, Pesquisa da FGV mostra falta de treinamento de testes e medo entre profissionais de saúde no SUS: https://www.revistaquestaodeciencia.com.br/ artigo/2020/11/11/ pesquisa-da-fgv-mostra- falta-de-treinamento-de-testes-e-medo-entre- profissionais-de-saude-no-sus

[58] Estado de Minas, Poliomielite ameaça retornar após 33 anos desde o último registro no Brasil: https://www.em.com.br/ app/noticia/ saude-e-bem-viver/2022/10/20/ interna_bem_viver,1409759/ poliomielite-ameaca-retornar- apos-33-anos-desde-o-ultimo- registro-no-brasil.shtml

[59] USP, Power and Poverty: Theory and Practice: https://edisciplinas.usp.br/pluginfile.php/5894489/mod_resource/content/1/bachrach1963.pdf

[60] The Wall Street Journal, Facebook Knows Instagram Is Toxic for Teen Girls, Company Documents Show: https://www.wsj.com/articles/ facebook-knows-instagram-is-toxic- for-teen-girls-company- documents-show-11631620739

[61] Avaaz, Facebook's Algorithm: A Major Threat to Public Health: https://secure.avaaz.org /campaign/en/facebook_threat_health/

[62] George Washington University Law School, Misinformation Mayhem: Social Media Platforms' Efforts to Combat Medical and Political Misinformation: https://scholarship.law.gwu.edu/faculty_publications/1502/

[63] Index Law, Paradoxo da Tolerância de Karl Popper: https://indexlaw.org/index.php/filosofiadireito/article/view/8159

[64] Planalto, Constituição da República Federativa do Brasil: https://www.planalto.gov.br/ccivil_03/constituicao/constituicao.htm

[65] BBC, Facebook admite uso indevido de dados de 87 milhões de usuários, 443 mil no Brasil: https://www.bbc.com/portuguese/geral-43646687

[66] Mozilla Foundation, YouTube Regrets: A crowdsourced investigation into YouTube's recommendation algorithm: https://foundation.mozilla.org/en/youtube/findings/

[67] University of Oxford, The Global Disinformation Order: 2019 Global Inventory of Organised Social Media Manipulation: https://demtech.oii.ox.ac.uk/ wp-content/uploads/sites/ 12/2019/09/CyberTroop-Report19.pdf

[68] G1, Mais de 70% dos brasileiros com internet já acreditaram em uma fake news sobre coronavírus: https://g1.globo.com/fantastico/ noticia/2020/05/03/mais-de-70 percent-dos-brasileiros-com -internet-ja-acreditaram -em-uma-fake-news- sobre--coronavirus.ghtml

[69] Project MUSE, What Is Disinformation?: https://muse.jhu.edu/article/579342

[70] Revista Liinc, Competência em informação e desinformação: critérios de avaliação do conteúdo das fontes de informação: https://revista.ibict.br/liinc/article/view/4075

[71] Terra de Direitos, Violência política e eleitoral no Brasil: http://terradedireitos.org.br/violencia-politica-e-eleitoral-no-brasil/

[72] Brookings Institution, Is seeing still believing? The deepfake challenge to truth in politics: https://www.brookings.edu/ research/is-seeing-still-believing -the-deepfake -challenge- to-truth-in-politics/

[73] CNBC, Deepfakes could be a problem for the 2020 election: https://www.cnbc.com/2019/10/15/deepfakes-could-be-problem-for-the-2020-election.html

[74] Conjur, Deepfakes embaralham Justiça nos EUA: https://www.conjur.com.br/2020-jun-12/deepfakes-embaralham-justica-eua/

[75] Security Leaders, Deepfake em 2023: os três principais cenários de ameaças: https://securityleaders.com.br/ deepfake-em-2023-os-tres -principais-cenarios-de-ameacas/

[76] Times of India, Deepfakes can create crisis in diverse society like ours: PM Modi: https://timesofindia.indiatimes.com/ india/deepfakes-can-create -crisis-in-diverse--society-like- ours-pm-modi/articleshow/105300063.cms

[77] Trip, Bruno Sartori: deepfakes, política e ameaças: https://revistatrip.uol.com.br/trip/bruno-sartori-deepfakes-politica-e-ameacas

[78] Forbes, A voice deepfake was used to scam a CEO out of $243,000: https://www.forbes.com/sites/jessedamiani/2019/09/03/a-voice-deepfake-was-used-to-scam-a-ceo-out-of-243000/

[79] BBC, 'Deepfake': 'Colocaram meu rosto em um vídeo pornô': https://www.bbc.com/portuguese/geral-63339308

[80] PUCRS, Direito, Covid-19, Internet, Desinformação e Democracia: https://www.pucrs.br/direito/wp-content/uploads/sites/11/2020/06/2020_06_22-direito-covid-19-ppgd-livros-relatorio_internet_desinformacao_e_democracia.pdf

[81] Congresso em Foco, Sete em cada dez brasileiros creem em notícia falsa sobre Covid-19, revela Avaaz: https://congressoemfoco.uol.com.br/area/mundo-cat/sete-em-cada-dez-brasileiros-creem-em-noticia-falsa-sobre-covid-19-revela-avaaz/

[82] Outras Palavras, A luta do Sleeping Giants Brasil contra milícias digitais: https://outraspalavras.net/outrasmidias/a-luta-do-sleeping-giants-brasil-contra-milicias-digitais/

[83] Georgetown University, Do Artifacts Have Politics?: http://faculty.georgetown.edu/irvinem/theory/WinnerArtifacts-Politics.pdf

[84] Colorado University, The Social Construction of Facts and Artifacts: http://sciencepolicy.colorado.edu/students/envs_5110/bijker2.pdf

[85] Le Monde Diplomatique Brasil, Por trás do TikTok vs. Instagram: soft power e a disputa da realidade: https://diplomatique.org.br/por-tras-do-tik-tok-vs-instagram-soft-power -e-a-disputa-da-realidade/

[86] UOL, Reconhecimento facial: erros e falta de transparência: https://noticias.uol.com.br/cotidiano/ultimas-noticias/2024/04/28/reconhecimento-facial-erros-falta-de-transparencia.htm

[87] CETIC, Pesquisa sobre o uso das TIC no Brasil: https://cetic.br/media/docs/publicacoes/2/TIC_Dom_2015_LIVRO_ELETRONICO.pdf

[88] El Salto Diario, Francesca Bria: Los datos son una infraestructura pública más, como el agua, la electricidad o el transporte: https://www.elsaltodiario.com/tecnologia/francesca-bria-los-datos-son-una-infraestructura-publica-mas-como-el-agua-la-electricidad-o-el-transporte-

[89] Sur Conectas, Soberania digiral ou colonialismo digital: https://sur.conectas.org/wp-content/uploads/2018/07/sur-27-portugues-renata-avila-pinto.pdf

[90] Governo Federal, Exclusivo: Microsoft tenta intimidar o Governo Brasileiro: https://www.gov.br/iti/pt-br/assuntos/noticias/iti-na-midia/exclusivo-microsoft-tenta-intimidar-o-governo-brasileiro

[91] NetLab, A guerra das plataformas contra o PL 2630: https://www.netlab.eco.ufrj.br/blog/a-guerra-das-plataformas-contra-o-pl-2630

[92] Estadão, Google aumenta pressão contra PL das Fake News e põe artigo contra projeto na página inicial: https://www.estadao.com.br/politica/google-aumenta-pressao-contra-pl-das-fake-news-e-poe-artigo-contra-projeto-na-pagina-inicial/

[93] UOL, Ativistas abrem queixa contra algoritmo após negro ser preso por IA racista: https://www.uol.com.br/tilt/noticias/afp/2020/07/25/ativistas-abrem-queixa-contra-algoritmo-apos-negro-ser-preso-por-ia-racista.htm

[94] Veja, Exposto à internet, robô da Microsoft vira racista em 1 dia: https://veja.abril.com.br/tecnologia/exposto-a-internet-robo-da-microsoft-vira-racista-em-1-dia

[95] ANSA Brasil, Engenheiro da Tesla é atacado por robô em fábrica nos EUA: https://ansabrasil.com.br/brasil/noticias/ciencia_e_tecnologia/2023/12/28/engenheiro-da-tesla-e-atacado-por-robo-em-fabrica-nos-eua_c6ae072f-17fe-4e92-8fb3-9c3d678fec7d.html

[96] Datafolha, Para 85% dos brasileiros, planeta está ficando mais quente: https://datafolha.folha.uol.com.br/opiniaopublica/2019/07/1988289-para-85-dos-brasileiros-planeta-esta-ficando-mais-quente.shtml

[97] SciELO, A "meada" do negacionismo climático e o impedimento da governamentalização ambiental no Brasil: https://www.scielo.br/j/se/a/wCDHY4RdNWSBZC5m6Q7fpBx/

[98] Observatório Florestal, sobre a iniciativa: https://observatorioflorestal.org.br/

[99] Le Monde Diplomatique Brasil, A geopolítica do negacionismo climático: https://diplomatique.org.br/a-geopolitica-do-negacionismo-climatico/

[100] Desinformante, Google e desinformação climática: https://desinformante.com.br/google-desinformacao-climatica/

[101] Desinformante, Plataformas e desinformação climática: https://desinformante.com.br/plataformas-desinformacao-climatica/

[102] Agência Pública, Facebook Papers: funcionários acusam Zuckerberg de negligenciar negacionismo climático: https://apublica.org/2022/01/facebook-papers-funcionarios-acusam-zuckerberg-de-negligenciar-negacionismo-climatico/

[103] MediaTalks, Facebook exibe mais fake news para quem já é negacionista das mudanças climáticas, diz pesquisa: https://mediatalks.uol.com.br/2022/04/05/facebook-exibe-mais-fake-news-para-quem-ja-e-negacionista-das-mudancas-climaticas-diz-pesquisa/

[104] IHU Unisinos, Mudanças climáticas: Twitter não combate desinformação: https://www.ihu.unisinos.br/categorias/632606-mudancas-climaticas-twitter-nao-combate-desinformacao

[105] ClimaInfo, Rede de Musk (falecido Twitter) provoca evasão de vozes climáticas e abre espaço para negacionismo: https://climainfo.org.br/2023/08/20/rede-de-musk-falecido-twitter-provoca-evasao-de-vozes-climaticas-e-abre-espaco-para-negacionismo/

[106] Aos Fatos, Negacionismo climático no Telegram no Rio Grande do Sul: https://www.aosfatos.org/noticias/negacionismo-climatico-telegram-rio-grande-do-sul/

[107] WRI Brasil, 10 conclusões do relatório do IPCC sobre mudanças climáticas de 2023: https://www.wribrasil.org.br/noticias/10-conclusoes-do-relatorio-do-ipcc-sobre-mudancas-climaticas-de-2023

[108] UNEP, Causas do COVID-19 incluem ações humanas e degradação ambiental: https://www.unep.org/pt-br/noticias-e-reportagens/reportagem/causas-do-covid-19-incluem-acoes-humanas-e-degradacao-ambiental

[109] United Nations, The Sustainable Development Goals Report 2020: https://unstats.un.org/sdgs/report/2020/

[110] Human Rights Watch, Systemic Censorship of Palestine Content on Instagram and Facebook: https://www.hrw.org/report/2023/12/21/metas-broken-promises/systemic-censorship-palestine-content-instagram-and

Posfácio

Renata Mielli

Para que, afinal, serve a tecnologia? Com qual sentido a humanidade desenvolve novas e mais sofisticadas técnicas? O que fazer diante do avanço de dispositivos sociotécnicos que estão presentes em múltiplas dimensões de nossas vidas? Após a leitura atenta deste livro, estas foram algumas das perguntas que o percurso analítico do autor me provocou.

Ergon Cugler é um jovem pesquisador que possui uma capacidade ímpar de observar os acontecimentos e transformá-los em objeto de estudo e reflexão de maneira rápida. Em tempos acelerados, essa é uma qualidade importante para contribuir com a discussão crítica sobre os impactos que tecnologias pervasivas e disruptivas, como a Inteligência Artificial, estão provocando na sociedade.

Inspirados em artigos publicados pelo autor em jornais e revistas, os capítulos do livro apresentam, numa leitura fluída e direta, como os algoritmos de aprendizagem de máquina embarcados em plataformas de redes sociais estão alterando os mecanismos de circulação de informação, formação das crenças e seus impactos para o debate público e para a democracia, o que particularmente me interessa, uma vez que este é exatamente o meu objeto de estudo como pesquisadora.

Vivemos em uma sociedade onde os dispositivos tecnológicos – dos mais sofisticados aos mais simples – estão presentes no cotidiano de nossas vidas em todas as suas dimensões. Temos no planeta a assustadora marca de 78% da população com mais de 10 anos com um celular. Destes, 67% possuem uma conexão com a internet. A cobertura de conexão móvel (3G e 4G) somadas cobrem 95% da população mundial, segundo dados da União Internacional das Telecomunicações (UIT) divulgados em dezembro de 2023.

Se expandirmos nosso olhar para a Internet das Coisas (IoT), algumas fontes estimam que há cerca de 30 bilhões de dispositivos conectados à internet (equipamentos industriais, agrícolas, veículos, eletrodomésticos, edifícios, casas, brinquedos). Cada dispositivo conectado captura informações as mais variadas do ambiente em que está inserido e das interações com os processos e pessoas.

É neste cenário que a Inteligência Artificial se desenvolve no mundo e é nele que precisamos avaliar qual o seu impacto nas estruturas de poder.

Mas o que é Inteligência Artificial? Qualquer definição pode ser criticada como imprecisa ou restrita, mas para facilitar aqui nossa compreensão vamos dizer que IA antes de qualquer coisa é uma área do conhecimento que envolve a matemática, as ciências da computação, neurociência, psicologia e mais um conjunto imenso de disciplinas que foram sendo utilizadas para o desenvolvimento deste campo.

Entre os muitos produtos desta área de pesquisa e estudo está o desenvolvimento de um conjunto enorme de técnicas, com mecanismos diferentes de processamento, e voltadas a propósitos também bem distintos de aplicação. No geral, são algoritmos desenvolvidos com base em instruções que definem uma rota para atingir um objetivo final, a partir dos dados utilizados para o seu processamento e que permitem que o modelo aprimore seus resultados conforme use mais dados. Por isso, também é comum ouvir as expressões aprendizagem de máquina, aprendizado profundo, ou redes neurais para se referir à IA.

O pano de fundo da evolução desta tecnologia é a incessante busca do homem por dispositivos ou técnicas que simulem a sua ação e o seu pensamento, que consigam realizar tarefas complexas próprias do raciocínio humano, mas sem a necessidade de uma interação com um humano.

Diria que, desde há muito tempo, o homem busca em sua imaginação a construção do seu alter ego maquínico. Na literatura há muitas referências, desde *Frankenstein* de Mary Shelley, passando por *Eu, Robô* de Issac Asimov para ficar apenas em dois grandes clássicos da literatura. A obsessão de criar uma criatura (animada ou inanimada) à sua semelhança, uma ambição quase divina, foi se tornando cada vez mais factível à medida que o desenvolvimento científico foi permitindo o surgimento de tecnologias cada vez mais complexas.

O que me leva de volta as perguntas iniciais, que não têm caráter meramente retórico, mas objetivam estressar um ponto de vista que Ergon nos deixou nas entrelinhas de seu livro.

As tecnologias desenvolvidas ao longo da história da humanidade tiveram muitos objetivos distintos, mas um traço comum é exatamente a de auxiliar na execução de tarefas, produzir mais eficácia e sucesso, aumentando a produtividade e reduzindo os riscos em torno de atividades perigosas.

Tal empreendimento foi, a cada período histórico, sendo incorporado ao desenvolvimento das forças produtivas. Contudo, nos marcos do capitalismo, o desenvolvimento científico e tecnológico passa a ser planejado e conduzido para maximizar o lucro. O intuito da introdução de novas técnicas é reduzir o tempo de trabalho humano para a produção, circulação e distribuição de mercadorias, aumentado a mais valia do capitalista e acelerando o ciclo de reprodução e acumulação do capital. A imagem perfeita que ilustra este cenário é o de Charlie Chaplin numa linha de produção no icônico *Tempos Modernos*, de 1936.

E aqui chegamos a um ponto crucial para o debate proposto neste livro: Estamos vivendo sob uma ditadura dos algoritmos de aprendizagem de máquina? Afinal, caminhamos para uma IA-cracia?

Para responder esta pergunta precisamos analisar as tecnologias a partir dos condicionantes políticos, econômicos, sociais e culturais em que elas são desenvolvidas. O que nos coloca diante da reflexão sobre a neutralidade ou não das tecnologias, tema abordado em vários momentos no livro, mas particularmente na seção em que Cugler discorre sobre a relação entre a tecnologia e a política. E, como bem argumentou o autor, não existe uma neutralidade tecnológica à priori.

Esse é um ponto nevrálgico para a produção de uma análise do estágio de desenvolvimento do capitalismo contemporâneo, baseado na economia de plataformas e dados, e para a construção das escolhas que a sociedade vai adotar em termos de regras e políticas para o uso, desenvolvimento e implementação da Inteligência Artificial.

Isso porque a construção retórica das empresas do Vale do Silício se baseia na narrativa de que estamos diante de tecnologias neutras, objetivas, que são desenvolvidas com a missão de melhorar a vida das pessoas, usando dados para aprimorar nossa experiência no uso das muitas plataformas e serviços disponíveis. Um admirável mundo novo de facilidades, onde tudo – ou quase tudo – está ao nosso alcance com um click. Assim, não perdemos tempo com deslocamentos desnecessários para encontrar aquele produto que a gente nem sabia que queria, mas que desejamos tanto.

São nossos dados e metadados rastreados e extraídos silenciosa e milimetricamente a partir do que fazemos *offline* e *online* (páginas web que visitamos, pesquisas que fazemos em buscadores, contatos que temos no nosso aparelho celular, aplicativos que baixamos, informações que oferecemos sem cerimônia nos relógios inteligentes, *smart* tv's, nos caminhos que percorremos em carros, a pé, nas viagens que fazemos) que permitem aos algoritmos escrutinarem nossos desejos e emoções como num passe de mágica.

Cada dimensão da nossa existência é scaneada e capturada para nos dar mais tempo. Tempo para quê? Para continuarmos nas plataformas, num circuito fechado de estímulos cognitivos, presos numa máquina de extração de padrões, de previsão de comportamentos e produção sintética de crenças que nos levam a tomar decisões com base no que os *feeds* e *timelines* frenéticos nos oferecem numa velocidade alucinante. Esse é o cenário que Ergon demonstra ao trazer a reflexão sobre como as Plataformas de Redes Sociais estão impactando o debate público e consequentemente a democracia a partir da estruturação de uma discussão mediada por algoritmos de aprendizagem de máquina.

Neste ambiente digital de produção sentidos, o pouco de autonomia que ainda podíamos exercitar na sociedade mediada pelos tradicionais meios de comunicação de massa para tomada de decisões – de forma informada e crítica – vai deixando aos poucos de existir. Vamos nos tornando tão autômatos quanto o próprio algoritmo, mais um tijolo na parede do sistema, como nas imagens animadas da Opera Rock, *The Wall*, de 1982.

E assim o desenvolvimento da Inteligência Artificial, a partir do império capitalista das *Big Techs*, vai moldando a economia e as estruturas de poder. A narrativa do Vale do Silício, como salienta o pesquisador bielorrusso Evgeny Morozov, cria um cenário de naturalização das suas soluções tecnológicas, que incorporamos de forma acrítica em nossas vidas. Não questionamos seu design, sua arquitetura funcional, seu modelo de negócios. Aceitamos seus termos de uso e criamos nossos perfis como algo deterministicamente dado, que não requer explicação. Parafraseando o Chicó, personagem do saudoso Ariano Suassuna: "não sei, só sei que é assim".

E desta forma a sociedade do controle atinge padrões inimagináveis com a mão nem tão invisível das tecnologias digitais. No capitalismo de plataformas (Snircek), ou no capitalismo de vigilância (Zuboff), perdemos nossa identidade exatamente no momento em que a individualidade é um alvo na mira da venda de produtos, religiões e ideologia.

E o que fazer? Ergon Cugler nos oferece algumas pistas relacionadas à construção coletiva de mecanismos regulatórios e de governança para garantir maior controle e agência da sociedade sobre estes dispositivos sociotécnicos: 1) construção de soberania tecnológica; 2) educação crítica midiática e enfrentamento à desinformação; e 3) transparência e governança algorítmica democrática.

Endosso cada linha do que o autor propõe. Mas, como fui desafiada a tentar ampliar o escopo dos caminhos possíveis para conter uma IA-cracia e o poder de um punhado de empresas capitalistas estrangeiras sobre nossas vidas e a democracia, trago algumas reflexões adicionais, num sentido provocativo.

A partir da Teoria Crítica da Tecnologia, que compartilha da visão de que não há neutralidade na tecnologia e que ela reproduz e está a serviço do projeto de sociedade de quem as domina, é preciso pensar sobre os limites da urgente e necessária agenda regulatória. A regulação e outras medidas de governança contribuem para conter o que chamamos de externalidades negativas. Como argumenta Feenberg "as mediações formais introduzidas pelo capitalismo não são desafiadas, mas seus efeitos são compensados. A razão técnica não é criticada, mas subordinada a objetivos humanísticos. A moralização gradual da vida em sociedade pode criar um mundo melhor, trocando certos valores econômicos por valores humanos"[i]. Isso é indiscutivelmente importante, mas também insuficiente.

Precisamos questionar a própria tecnologia e o seu uso, uma posição desconfortável, principalmente porque contraria o senso comum. Mas precisamos dizer que não queremos o uso de reconhecimento facial para fins de segurança em locais públicos, porque isso não é solução para a violência e potencialmente gera mais discriminação e desigualdade. Também dizer que não queremos mais plataformas com feeds automáticos baseados em recomendação individualizada que reforçam a economia da atenção e o sistema de recompensas que está gerando um exército de viciados digitais. Ou dizer que é preciso banir o uso de emoções para perfilamento com o objetivo de microdirecionamento de conteúdo em redes sociais. Dizer não a acordos econômicos entre *Big Techs* e empresas de telecomunicação que oferecem acesso às plataformas de forma "gratuita", ou seja, cujo acesso é livre e não depende do pacote de dados.

Temos que despertar para além da contenção. Para manter as referências cinematográficas, precisamos ser um pouco Neo (*Matrix*), Joanna (*Mulheres Perfeitas*), Alice (*Não se Preocupe Querida*)

[i] Texto original: Such moral reformism has the advantage of assuming the self-evidences of the age. The formal mediations introduced by capitalism are not challenged, but their effects are compensated. Technical reason is not criticized but subordinated to humanistic objectives. The gradual moralization of social life can create a better world, trading off certain economic for human values. (Feemberg, A. Transforming Technologies – A critical theory revisited. Oxford University Press. New York, 2002.

e Tally (*Feios*). E o livro do Ergon Cugler é um bom ponto de partida para reflexão que pode contribuir com este despertar da sociedade para, como ele mesmo pontua: "Enquanto navegamos pelos desafios e oportunidades de um mundo saturado de tecnologia, devemos definir limites que garantam nossa integridade como sociedade, assegurando que a linha entre o que é real e o que é simulado permaneça nítida. À medida que as fronteiras entre o humano e o artificial se esbarram, aprimorar a nossa capacidade de compreender a realidade emerge como um pilar fundamental para a preservação de nossa humanidade. Assim, essas discussões buscam não apenas regulamentar as IAs, mas também nos levar a refletir sobre o papel das *Big Techs* e o impacto de suas criações em nossas vidas, ecoando as inquietações de *Blade Runner* sobre a natureza da realidade e a essência da condição humana."

Renata Mielli *é Coordenadora do Comitê Gestor da Internet no Brasil (CGI.Br). É graduada em comunicação social pela Faculdade Cásper Líbero e doutoranda em ciências da comunicação pela Universidade de São Paulo (PPGCOM-ECA-USP).*

pólen bold 90 gr/m2
tipologia calisto mt
impresso no inverno de 2024

1 1 0 0 1 0 1 0 1
0 1 0 0 0 1 0
0 0 0 0 0 1 0
0 1 0
1 0 0 1 0 1 1 0 1
0 1 1 1 0 1

01110001 01110101 01101001 01110011 00100000 01100011
01110101 01110011 01110100 01101111 01100100 01101001
01100101 01110100 00100000 01101001 01110000 01110011
01101111 01110011 00100000 01100011 01110101 01110011
01110100 01101111 01100100 01100101 01110011 00111111
00100000 01110001 01110101 01101001 01110011 00100000
01100011 01110101 01110011 01110100 01101111 01100100
01101001 01100101 01110100 00100000 01101001 01110000
01110011 01101111 01110011 00100000 01100011 01110101
01110011 01110100 01101111 01100100 01100101 01110011
00111111 00100000 01110001 01110101 01101001 01110011
00100000 01100011 01110101 01110011 01110100 01101111
01100100 01101001 01100101 01110100 00100000 01101001
01110000 01110011 01101111 01110011 00100000 01100011
01110101 01110011 01110100 01101111 01100100 01100101
01110011 00111111 00100000 01110001 01110101 01101001
01110011 00100000 01100011 01110101 01110011 01110100
01101111 01100100 01101001 01100101 01110100 00100000
01101001 01110000 01110011 01101111 01110011 00100000
01100011 01110101 01110011 01110100 01101111 01100100
01100101 01110011 00111111 00100000 01110001 01110101
01101001 01110011 00100000 01100011 01110101 01110011
01110100 01101111 01100100 01101001 01100101 01110100
00100000 01101001 01110000 01110011 01101111 01110011
00100000 01100011 01110101 01110011 01110100 01101111
01100100 01100101 01110011 00111111 00100000 01110001
01110101 01101001 01110011 00100000 01100011 01110101
01110011 01110100 01101111 01100100 01101001 01100101
01110100 00100000 01101001 01110000 01110011 01101111
01110011 00100000 01100011 01110101 01110011 01110100
01101111 01100100 01100101 01110011 00111111 00100000
01110001 01110101 01101001 01110011 00100000 01100011
01110101 01110011 01110100 01101111 01100100 01101001
01100101 01110100 00100000 01101001 01110000 01110011
01101111 01110011 00100000 01100011 01110101 01110011
01110100 01101111 01100100 01100101 01110011 00111111
00100000 01110001 01110101 01101001 01110011 00100000
01100011 01110101 01110011 01110100 01101111 01100100
01101001 01100101 01110100 00100000 01101001 01110000
01110011 01101111 01110011 00100000 01100011 01110101
01110011 01110100 01101111 01100100 01100101 01110011
00111111 00100000 01110001 01110101 01101001 01110011
00100000 01100011 01110101 01110011 01110100 01101111
01100100 01101001 01100101 01110100 00100000 01101001
01110000 01110011 01101111 01110011 00100000 01100011